会計の日本史

その時“お金”が
歴史を動かした!

Ojiro Omura
大村大次郎

清談社
Publico

はじめに

歴史的大事件を「見える化」する会計的視点とは？

世の中の現象は、「イメージ」と「実際」がかなり乖離《かいり》していることがよくあります。

しかし、会計的にその現象を分析してみると、実像が明確に見えてくることもあります。いわゆる「見える化」ということです。

そして歴史の中の出来事も、会計的なものの見方によってまったくイメージが異なってくることもあるのです。

たとえば、日本は第2次世界大戦で、アメリカから手ひどい空襲を受け、国土全体が荒廃してしまったというようなイメージがあります。

しかし、実は鉄鋼の生産能力は戦争終了時でも、戦前と同程度を維持していたのです。つまり、国の工業生産能力はそれほど落ちていなかったということです。それが戦後の著しい復興や、高度成長をもたらしたのです。

室町《むろまち》時代の足利《あしかが》将軍というのは、金閣寺《きんかくじ》や銀閣寺《ぎんかくじ》を建立するなど、非常に裕福だったイメージがあります。しかし、実際の室町幕府の財政状況を見てみると、日本の歴代政権の中ではもっとも貧弱なのです。

直轄領は非常に狭く、これといった大きな財源もない。部下であるはずの守護《しゅご》たちの方がよほど広い領地を持ち、財力を蓄えていました。そのため室町幕府は財源不足により軍事力を確保できず、戦乱が起きても収拾することができませんでした。それが応仁《おうにん》の乱《らん》を引き起こさせ、戦国時代につながっていくのです。

また戦国武将は治安維持という名目で、戦場の住民から戦費徴収をよく行っていました。織田信長《おだのぶなが》もそのひとりですが、彼の場合、徴収した地域には信長の名で御札《おんさつ》を発行していました。その御札がある地域は二度と戦費を払わなくてよく、戦乱で荒らされることもありませんでした。そういう会計的にきっちりしたところが、信長の強みであり、地域住民たちの支持を得た要因でもあるのです。

このように会計的な思考で歴史を眺めてみると、面白い事実や、今までのイメージとは違う「時代の本質」が見えてくるものなのです。

本書では、こういう具合に、日本の歴史を会計的に探っていこうという趣旨を持っています。本書を読めば、きっとこれまでとは違った歴史イメージを持つことになる。筆者はそう自負しています。

会計の日本史　その時〝お金〟が歴史を動かした！　目次

第2章 坊主と武士は勘定に強かった

第3章 戦国時代の会計革命

第4章 江戸時代の優れた会計官たち

第5章 明治維新の収支決算

第6章 会計から読み解く戦前社会

第7章 高度成長とバブルの会計事情

第8章 平成〝失われた30年間〟の会計内容

扉:『駿河町越後屋呉服店大浮絵』(奥村政信・画)

第 1 章

大和朝廷は会計力で国を統一した

▲八咫烏（ヤタガラス）に導かれて大和の地に降り立った
神武天皇（安達吟光画『神武天皇東征之図』より）

恐ろしく整った会計制度

古代日本は、現代人が思っている以上に、発達した社会を持っていました。

紀元3世紀後半、日本各地に画一的な構造を持つ古墳がつくられるようになっており、このころから統一国家ができたものと推測されています。

そして、このころには、朝鮮半島にも勢力を持っていました。当時、古代朝鮮で最大の勢力を持っていた高句麗《こうくり》が414年に建てた碑文には「391年以降に倭《わ》の国が新羅《しらぎ》をたびたび攻撃し、臣従させてしまった」という記述があります。古代の日本は、朝鮮半島に出兵し、新羅や百済《くだら》を臣従させていたのです。

日本は、その後も、朝鮮半島の百済や任那《みまな》地域を臣下にするような形で関係を持っていました。多くの日本人（倭人《わじん》）がこの地域に移り住んでいたのではないかともいわれています。

また7世紀には、朝鮮半島の白村江《はくそんこう》において大戦争を繰り広げています。日本は、朝鮮半島の百済と同盟を組み、唐《とう》、新羅の連合軍と戦っているのです。この白村江の戦いには敗北し、日本は朝鮮地域での勢力を失ってしまいますが、注目すべきは、この戦いの規模です。

『三国史記《さんごくしき》』によると、このとき日本側は千艘《そう》の船を用いていたそうです。ということは、兵士の動員数は少なくとも万以上だったでしょう。

この時代に、千艘の船、万以上の兵士を朝鮮半島に派遣できるというのは、相当な国力があったはずです。

日清《にっしん》戦争の開戦時に、日本軍が派遣した部隊は5000人です。古代日本は、それをはるかに超える規模での軍派遣をしているのです。それだけの船、兵士を用意するには、国が相当に豊かで、国家システムも整っていなければなりません。

万を超える兵力を動員し、千艘の船を調達し、その大軍が渡海するための大量の兵糧を準備するには、相当に整った国家システムが必要となるのです。

古代日本が、これほど整った社会をつくり、大きな勢力を持っていた要因のひとつに会計制度があります。

実は古代日本は非常に進歩的な会計制度を持っていました。

日本の会計制度は、古代中国によってもたらされたと考えられます。古代日本にいつ、どのようにして漢字や会計制度がもたらされたのか、詳しいことはわかっていません。しかし、大和朝廷《やまと》は全国統一政権をつくった時点で、すでにかなり整った文書制度、会計制度を持っていたようなのです。

大和朝廷が日本の政権として発足する以前に、各地の豪族たちが文字を使っていたという記録はほとんど残っていません。

朝鮮半島から渡ってきた刀剣などに碑文が彫られていたものは、大和朝廷以前のものも発見されています。しかし、日常的に使用されている文字で最古のものは、大和朝廷の役人がつくったと見られる木簡《もっかん》です。

つまり、日本で文字が日常的に使われ始めたのは、今のところ大和朝廷発足以降ということになっています。

おそらく日本に文字や会計制度を大々的に導入し、普及させたのは、大和朝廷と思われます。

そして大和朝廷は「文書」や「会計」の力を用いて強大な中央集権国家を成立させたとさえいえるのです。

会計というのは、商売や財産管理などに使われるというイメージがあります。

しかし、会計というのは、国力や軍事力に直結するものです。

会計制度が整った国では、その土地の収穫量、住民の人数などが正確に把握できます。それは徴税や徴兵に非常に役に立ちます。その土地からどれくらいの租税をとることができるか、兵を何人集められるか、それがわかるのとわからないとでは、大きな違いがあります。

また軍を派遣したり、兵糧を準備したりする際にも、会計の力は役に立ちます。

敵の軍勢を把握し、それよりも多くの軍勢を戦場に派遣する、そして軍が十分に戦闘できるほどの兵糧を運び込んでおく、そういうことが可能になります。

だから文字や会計が整備されているのと整備されていないでは、国の力に大きく影響してくるのです。

「文字」や「会計」の力を使って大和朝廷が統一政権をつくったのか、大和朝廷が統一政権をつくった後に、文字や会計を大々的に導入したのかは、今のところわかっていません。

しかし、大和朝廷の権力を強力ならしめた要因として、「文字」や「会計」の力があったことは紛れもない事実なのです。

「大化の改新」は会計力によって成し遂げられた

古代日本では、大化《たいか》の改新《かいしん》という国家大変革を行っています。

大化元（645）年から始まったこの「大化の改新」は、今の日本の社会システムの原型をつくったともされています。

この大化の改新のときには、すでにかなり整備された会計制度があったことがわかっています。大化の改新やその後の日本の社会システムの構築は、優れた会計制度があってこそ成り立つものだったのです。

大化の改新というのは、それまでの社会制度を一新した改革です。「大化の改新」で行われた具体的な内容は、主に次のようなものでした。

◎豪族等による田畑の私有を禁止し、すべては朝廷の領地とする

◎田畑を民に貸し与え、民は租庸調《そようちょう》の税を払う
◎それまで重要な役職は世襲制だったが、これを廃止し有能な人材を充てる
◎戸籍を整備する

これを見ると、大化の改新では、強力な「中央集権政権国家」をつくろうとしたことがわかります。国をひとつにまとめたわけです。

しかも、それはかなりドラスティックな方法でした。

土地の私有財産制を禁止し、すべての領地を公有地（朝廷の所有）としているのです。「土地はすべて国家のもの」「民は国から土地を貸与されているだけ」ということです。

いわゆる「班田収授《はんでんしゅうじゅ》の法」です。

「班田収授の法」は、古代中国の「均田法《きんでんほう》」をモデルにしたといわれています。しかし、日本の班田収授の法は、中国のそれよりも徹底したものと見られています。

古代中国の均田法というのは、国家が田畑を農民に支給して収穫の一部を納めさせるという制度です。5世紀後半の北魏《ほくぎ》において始まり、隋《ずい》や唐の時代まで引き継がれました。

ところが、古代中国の「均田法」は、実際には国家が田地を一括管理して農民に支給す

るのではなく、農民が所有している田地の「広さの調整」程度のものであり、しかもその実務手続きは各地の豪族に任されていました。

だから事実上、各地の豪族がその地域の田地を統括し、税の一部を国家に納入していたにすぎないのです。

しかし、日本の「班田収授の法」の場合、限りなく原則に近い形で、国家が田地を一元管理し、農民に班田（貸与）されていました。また実務手続きも、中央政府から派遣された国司《こくし》が、全権力を持ってあたっていました。

つまり、古代中国が表面的にしか実行していなかった制度を、古代日本は本気で実行したというわけです。

これらは会計制度が整っていなければ、成し遂げることはできません。

ひと口に「土地の私的所有を禁止する」といっても、その実行はそう簡単にできるものではないのです。

まず全国の土地を把握しなければなりませんし、米の収穫量、土地の産品、各地域の人口なども確認しなければなりません。大和政権では、それらをかなり詳細に把握していたようなのです。

そこには、もちろん高度な会計技術があったことが推測されます。

「班田収授」は、6年ごとに「造籍《ぞうせき》」「校田《こうでん》」「班田」という手続きをとることによって行われました。

「造籍」というのは戸籍をつくることです。

「校田」とは、農地の広さ等を測ることです。いってみれば国土調査のようなものです。

そして「班田」というのは、「造籍」「校田」をもとにして、各人に田を振り分ける作業のことです。

これらの三つの作業事務が6年ごとに行われたのです。しかも全国一斉に、です。いわば大規模な国勢調査が6年ごとに行われていたということです。

古代日本の会計力、恐るべしです。

古代日本は大規模な国勢調査を行っていた？

大化の改新では、「租庸調」という税制がつくられました。

この「租庸調」も唐の税制を真似《まね》てつくったものとされていますが、日本の独自色もあり、古代としてはよくできた制度だったといえます。

何がよくできていたか、というと、それほど重税でもなく、また社会保障制度なども採り入れられていたということです。

租庸調を簡単にいえば、租は米、庸は労役、調は布や特産品を税として納めるというものです。

租庸調の「租」は租税の租であり、古代の税の基本のものです。

「租」で徴収される米（稲）は、収穫高の3％程度とされており決して高いものではありませんでした。

そして、この「租」は稲で納められるのですが、それはすべてが朝廷に運ばれるわけではありませんでした。一部は朝廷に送られたものの、ほとんどは国衙《こくが》（地方の役所）の正倉《しょうそう》と呼ばれる倉庫に保管されていたのです。

そして正倉に保管された米は、「賑給《しんごう》」のために支出する以外は、ほとんど貯蓄されていました。「賑給」というのは、高齢者や貧困者などのために、米、塩、布などを支給する制度です。

保管された米は、詳細まで厳密に記帳管理され、朝廷の役人や地域の有力者が勝手に使うことは許されていませんでした。

また朝廷に送られる「租」の一部は、その地域の特産物と交換されて朝廷に送られました。朝廷としても米ばかりを送られるのではなく、いろいろな産物を送られた方が、利便性があったからです。

そうして調達される特産物は、その地域ごとに決められていました。

たとえば、相模《さがみ》（神奈川県西部）の場合は、商布《しょうふ》（商品用として織った布）6500枚、鹿皮20張、鹿角10枚、紫草《むらさきそう》3700斤などと定められていました。これは相模だけではなく各国に設定されていました。

このような規定がつくられるということは、大和朝廷が各国の特産物や人口などをかなり詳細に把握していたということなのです。

このシステムを整えるためには、大がかりな国土調査が行われたことが推測されます。

国土調査は現代でも大変な作業です。

日本で全国的な国土調査が行われたのは、有史以来3回しかないとされています。豊臣秀吉《とよとみひでよし》の「太閤検地《たいこうけんち》」、明治維新期の「地租改正」、そして「大化の改新」です。大規模で全国的な国土調査は、明治維新期の地租改正時に行われたものが最後でした。だから現在の日本の土地登記簿などのほとんどで、地租改正時につくられた公図が用いられているのです。

交通も測量の技術なども発達していなかった古代において、全国の土地や産物などを細かく調査したというのは、驚異的なことだといえます。

また朝廷に送られる特産物には、荷造りされ、「荷札木簡《にふだもっかん》」と呼ばれる木の荷札がつけられました。この「荷札木簡」には、その特産物が調達された場所と品物、数量が記載されていたのです。

つまり、中央にいる役人だけではなく、各国に派遣された役人や、各国に在住している人たちにも、文字や会計に精通していた人がかなりいたということが推測されます。

租庸調のほかの税も、細かい規定があり、厳密な運用がなされていました。

「庸」とは使役のことですが、正丁《せいてい》と呼ばれる成人男子（21〜60歳）が年に60日間の労役をしなければならない、ということでした。

日数は時代によって半減されたこともありました。また布を2丈6尺納めれば、使役が免除されるという制度もありました。この使役により、灌漑《かんがい》などの土木工事、国家施設の建設などが行われました。

「調」とは、絹、糸、綿、布、鉄、塩、海産物を納めるという税制度です。

特に繊維製品は重要で、「正調《せいちょう》」と呼ばれ、全国各地から朝廷に納められました。

また畿内は「正調」はほかの地域の半分でいいということになっていました。畿内の特定の地域から、塩や鉄、海産物など「調雑物《ちょうぞうもつ》」と呼ばれるものが納められることになっていたからです。

この「調」が、朝廷の運営費の主要な財源になっていたと見られており、朝廷の官僚などへの給与が支払われることになっていたのです。朝廷の官僚たちも、勝手に税の一部を収入に充てるようなことは許されず、現代の官僚のように官庁からの給料により生活していました。

ちなみに官僚の給料は、「禄令《ろくりょう》」という法令に定められています。位、官職に応じて、米、布、塩、銭などが支給されるのです。

大臣《おおおみ》や納言《なごん》などの高級官僚の場合は、「食封《じきふ》」と呼ばれる領地のようなものが与えられ、その土地から徴収される「庸」「調」の全部と、田租《でんそ》の半分が取り分とされていました。

ただし、この「食封」も高級官僚が自分で領地を管理するのではなく、国が管理運営し、国が徴収した租庸調を、高級官僚に分配しました。

あくまで土地の私有は禁止されており、国が一元管理していたのです。

この租庸調のシステムだけを見ても、相当に進んだ会計システムがうかがえます。

大和朝廷の会計監査制度とは?

この進歩的な朝廷の財政システムは、非常に優れた会計官たちによって支えられていました。

古代日本では「国司」と呼ばれる中央の役人が、各国(各地域)に派遣されて行政を行っていました。

国司というのは、今でいうところの都道府県知事、もしくは市区町村長のような職務です。国司は、赴任期限が定められていました。赴任期限は時代によって増減しますが、だいたい4年か6年でした。

そして国司を補佐するような立場として、その地域から選出された「郡司《ぐんじ》」がいました。郡司は各地域の有力者でしたが、国司の方が完全に上の立場であり、国司というのは、その地域の絶対的な存在でした。

徴税の基本的な制度というのは、律令《りつりょう》によって決められていましたが、実際の徴収業務は国司に任されていた部分もありました。

だからといって、国司が好き勝手に行政を行っていいわけではありません。

各国の国司は、「大計帳《だいけいちょう》」「調帳《ちょうちょう》」「正税帳《しょうぜいちょう》」「朝集帳《ちょうしゅうちょう》」という四つの会計報告を毎年、中央政府に行うことになっていました。

「大計帳」というのは、主にその地域の納税者数（領民の数）など戸籍関係の報告書とされています（諸説あります）。この大計帳をもとにして、朝廷は財政計画を立てていました。

「調帳」というのは、租庸調のうちの「調」で徴収され中央に送られる物品のリストのことです。

「正税帳」というのは、各地域（国）の租税の収支報告書です。

「朝集帳」は、公文書の受領や寺社関係、軍事関係、交通関係、犯罪関係など行政全般に関する報告書です。

この四つの報告書は、「四度の公文《しどのくもん》」と呼ばれています。養老《ようろう》律令や延喜式《えんぎしき》などの古代の法令には、この公文のつくり方の手順などが細かく決められていました。そして計帳使《けいちょうし》と呼ばれる各地域の官僚が、年に1回、各帳簿を作成して朝廷に持参するのです。

朝廷にこの公文を持参する役人にも、わざわざ名称がついていました。大計帳を運ぶのは「大計帳使」、調帳は「貢調使《こうちょうし》」、正税帳は「正税帳使」、朝集帳は「朝集使《ちょうしゅうし》」という具合に、です。そして、この4者の使いのことは「四度の使い《しどのつかい》」と呼ばれています。なんだかすごい大儀式という感じですね。

それにしても交通機関がまったくない時代に、毎年、帳簿を運ぶための役人が朝廷と地方を行き来していたわけです。いかに、朝廷が「公文書」や「会計」というものを大事にしていたかがうかがえます。

会計報告書に不備があれば突き返された

この四つの公文の中でも「正税帳」は特に重要なものでした。

日本の律令制というのは、中国の律令を模倣したものですが、「正税」という制度は日本独自のものなのです。

正税というのは、地租（米納）のことです。

この正税は、高齢者や困窮者に支給する「動用穀《どうようこく》」と非常用の備蓄である「不動穀《ふどうこく》」に分けられました。そして地方官庁の様々な経費もこの正税で賄われました。その出し入れのすべてを記載しているのが正税帳でした。

具体的にいうと正税帳に記載されている事項は次のようなものでした。

◎倉の米稲量の増減を記したもの
◎出挙《すいこ》の収支を記した出挙帳
◎官舎の増築、修理の費用などを記した官舎帳

◎用水施設の費用について記した池溝帳《ちこうちょう》
◎国に立ち寄った官吏へ支給した食料費
◎国司が国内を巡行する費用
◎寺社修繕費用

これらの膨大な収支項目を整合的に記していたのです。

正税帳の提出期限は毎年2月30日（西海道《さいかいどう》＝現在の九州諸国は5月30日）とされていました。

民部省《みんぶしょう》の主税寮《しゅぜいりょう》に正税帳が提出されると「正税帳勘会《かんかい》」が開かれ、内容の審査が行われました。今でいえば、国会審議のようなものですね。

正税帳勘会には、主税寮の役人のほかに、算師《さんし》と呼ばれる会計審査専門の役人が置かれていました。現在でいうところの会計士のような役割だといえます。

この正税帳に不審な点があれば朝廷から国司に返却されました。不審な点がなくなるまで調べてつくり直さなくてはならなかったのです。だから国司は、朝廷が受け取る正税帳（つまり、不備のない正税帳）をつくるのが重要な役割でした。

この正税帳は正倉院文書《しょうそういんもんじょ》に断片的にしか残されていませんが、その断片の中でも非常に詳細な記載を見ることができます。

すでに領収書のやりとりも行われていた

古代の日本では、すでに「返抄《へんしょう》」と呼ばれる領収書のやりとりも行われていました。

返抄というのは、地方官庁である国衙が、租税を徴収したり、物品を購入したりしたときに発行したもので、「ものの受け取りを証明する領収書」でした。納税側は、この返抄を受け取ることにより、「納税が終わっている」という証明になったのです。

この返抄は、国衙が物品のやりとりをした場合は、必ず発行されたようです。

そして返抄の発行記録をもとに、「結解《けつげ》」と呼ばれる収支計算書をつくりました。これらの記録を集成して「大正帳《だいしょうちょう》」などの4公文がつくられていたのです。現在の会計の仕組みとほとんど変わりません。

国の地方役所である国衙には、これらの記録がすべて保管されていました。国衙から朝廷に提出される公文というのは、国衙が保管している記録のほんの一部でした。

そして国衙に保管された文書類は、国司（県知事のようなもの）が代わるたびに引き継がれました。

この文書類の引き継ぎのことを「受領《ずりょう》」といいました。

受領を行う際には、前任の国司は、帳簿上、未精算になっているものはすべて精算しなければなりませんでした。官有物で不足しているものなども、すべて前任の国司の責任で取りそろえなければなりません。国司が着服したりするのを防ぐためです。

朝廷に提出した公文書には正しく記載されていても、実際には官有物の一部がなくなっていたり、国司が個人的に費消したりしてしまうこともあったようです。それらの「会計上の不突合」については、前任の国司が全責任を負っており、清算した後でないと受領は行われないことになっていたのです。

そして、すべて精算が終わって「これで引き継いでいいですよ」という状態になったときには後任者が「解由状《げゆじょう》」というものを発行しました。「解由状」が発行されて初めて前任者の責務は終わるのです。

しかも、この解由状も、朝廷から勘解由使《かげゆし》という役人が派遣されて正しいかどうかのチェックをしていました。

相当な念の入りようですね。現在の会計監査よりも厳しいシステムかもしれません。

また国司は任期が4年となっていましたが、これも「不正を防ぐ」という意味があったものと思われます。

朝廷から遠く離れた場所に長い期間、赴任させておくと、どうしても朝廷の監視の目が届きにくくなり、不正会計などをすることになります。さらに、ひとつの地域での任期が長くなると、その地域民との癒着が生じる危険性もあります。

現在でも、税務署員は3〜5年おきに転勤があり、ひとつの税務署に長期間勤務しないような仕組みがとられています。これは徴税官が同じ場所に長くとどまると不正が起きやすいからなのです。それと同様の仕組みが、古代日本にもあったということです。

ただ国司の任期は当初は4年が厳守されていましたが、時代が下るとともにその規制は曖昧になっていきました。

平安《へいあん》時代末期には、長期間、国司を務める者や、いったん赴任した地域に住み着いてしまう国司も出てきました。もちろん、それは不正の温床となり、平安朝廷崩壊の一因となりました（詳細は後述）。

ものの価格を調査する「沽価帳」とは？

古代日本では「沽価《こか》」といわれる「公定価格」のようなものも律令によって定められていました。

前述したように租庸調の租や調は、様々な物品で納められることがありました。そのため納税の価値を統一しようと、品物の交換価値を朝廷があらかじめ決めていたのです。

古代日本で最大の都市だった京都には「市司《いちのつかさ》」という役所がありました。市司というのは京都の「市」を管轄する役所のことです。東西に二つ設置されており、東市司、西市司がありました。

この市司では、物品交換の単位となる度量衡の管理や、物価の調査、不正な売買の監視などが行われていました。そして市場において様々な物品の時価を調査し、10日ごとに「沽価帳」という帳簿に記載していました。今でいうところの市場調査のようなことが行われていたのです。

それらの調査をもとに「沽価」（公定価格）が定められ、この沽価を基準にして各地の国司は、朝廷に送る物品を購入していました。

ただ、この沽価を悪用する国司もいました。

市場価格が沽価より高いときには沽価を盾にとって無理やり安く買い、市場価格が沽価より安いときには安い価格で購入し、買いつけの帳簿には沽価を記入して利ザヤを得るのです。朝廷もそれに気づき、朝廷への進物《しんもつ》を調達する際には、沽価ではなく、市場価格で購入し、実際の購入価格を報告するように命令が出されました。

県犬養沙弥麻呂《あがたのいぬかいのさみまろ》という国司が、市場価格によらず無理やり安く買い叩《たた》いたとして罷免されたという記録も残っています。

それにしても、古代日本で、納税や市場取引において、本当に細かいところまで配慮されているのは驚くばかりです。

不正会計によって朝廷が崩壊する

このように古代日本は強固な会計システムを持っていたわけですが、役人たちの不正会計によってそのシステムは綻び始めます。そして会計システムの綻びが、朝廷政権そのものを崩壊に導いてしまうのです。

四つの詳細な会計報告を求められていた国司たちは、時代を経るごとにその報告を怠るようになります。国司たちは朝廷の有力貴族とつながることで、その追及をかわすようになっていったのです。やがて会計報告自体が形骸化してしまいます。

それは即、国司の不正に結びつきます。

国司は一定の徴税分だけを中央に送り、残った分は着服するようになっていったのです。また農民が徴税高を少なくしてもらうために賄賂を渡してくることも多々ありました。

つまりは国司による中間搾取が多くなったのです。

朝廷もこの弊害は認識し、たびたび国司の改善策を打ち出しています。

たとえば、天長《てんちょう》元（824）年には次のような法令が出されています。

◎観察使《かんさつし》を派遣し国司の業務を監視させる
◎優秀な国司は複数の国を兼任させる
◎国司は任期中に1、2度入京し、天皇に業務報告を行うこと等

このような朝廷の努力にもかかわらず、国司の腐敗は改まりませんでした。国司の抜本的な改革をしようとした菅原道真《すがわらのみちざね》は、ほかの貴族たちの猛反発を食らって失脚し、大宰府《だざいふ》に流されてしまいました。

農民たちが国司の不正を朝廷に訴え出たり、国司を襲撃したりするようなことも頻繁に起きるようになりました。

そのうち朝廷の方も、元の制度に戻すことを諦めてしまい、国司に対して「一定の税を納めれば後は目をつぶる」という姿勢になってしまいました。

そのため国司というポストは、非常に美味《おい》しいものとなっていきました。

特に「熟国《じゅくこく》」と呼ばれる豊かな地域に赴任する国司は大いに潤うことになりました。

したがって、貴族たちは誰もが国司になりたがりました。

しかし、国司になるには、本人の力量よりも門閥の力が重要となっていました。家柄がよくないとなかなか国司にはなれないし、有力な貴族の後ろ盾が必要だったのです。

そのため国司の希望者は、有力な貴族に取り入り、家来《けらい》のようになったり、賄賂を贈ったりするようになりました。また有力貴族は、自分の息がかかった者を熟国の国司に任命することが多々ありました。

国司は当初は非常に高度な知識を持ったエリートだったことが推測されます。しかし、時代を経ると門閥化していくことになるのです。「重要ポストの門閥化、世襲化」は、古今東西の政庁の永遠の課題だといえるのです。

ともあれ、こうして平安時代後半には、有力貴族ばかりが栄えるようになっていったのです。

この「国司の不正システム」をもっとも活用したのが、あの藤原道長《ふじわらのみちなが》です。道長はご存じのように「摂関《せっかん》政治」で一時代を支配した藤原氏の象徴的な人物です。藤原氏は、娘を天皇に嫁がせて次期天皇の外祖父となり、摂政《せっしょう》、関白《かんぱく》という天皇を補佐する役職に就いて権力を握りました。

この藤原氏の権力が絶頂のころ、国中の主な国司の任命権は藤原氏が握っていたのです。そのため藤原氏には国司や国司希望者から多額の賄賂が贈られていました。

寛仁《かんにん》2（1018）年には、道長の邸宅を諸国の国司に割り当てて造営させ、また、その際に国司の伊予守《いよのかみ》源《みなもとの》 頼光《よりみつ》が家具調度一切を献上したという記録が残っています。

さらに、この当時の国司は京都に帰国するたびに、大量の米と地方の産物を藤原一族に寄進しています。

藤原氏というと、荘園《しょうえん》で巨額の富を築いたというイメージがありますが、藤原氏が荘園を拡大したのは12世紀以降のことであり、道長の時代では賄賂が富の主財源だったのです。

つまり、藤原氏は賄賂によって「我が世の春」を謳歌《おうか》していたわけです。

しかし、この藤原氏の蓄財術は墓穴を掘るものでもありました。

藤原道長
（菊池容斎『前賢故実』より）

国司たちは本来は国に収められるべき税を、不正に横取りしていたのです。そして国司が藤原氏に巨額の贈賄をするということは、国司たちはその贈賄分よりも大きなメリットがあったということです。つまり、藤原氏が受け取っていた賄賂の何倍もの富が、国司の手に渡っていたわけです。

その分、国の税収が減っていきます。

国の税収が減り、朝廷の権威が落ちていけば、藤原氏の存立基盤も危うくなっていくのです。藤原氏など平安の高級貴族たちというのは、あれこれいいながらも、朝廷の威厳の中で生きていました。朝廷に威厳があるからこそ、その朝廷の中で高い身分である彼らが栄華を謳歌できていたのです。

国司たちの不正を容認し、朝廷の財力が削られていけば、やがて自分たちの存立基盤が脅かされることになります。

藤原氏をはじめとする平安時代の高級貴族たちは、そこに気づいていなかったのです。

全国に不正が蔓延する

国司たちの不正会計がはびこるとともに、班田収授システムが崩壊していくことになります。

前述したように、班田収授システムは、「造籍」といって6年に1度、戸籍がつくられることになっていました。これは奈良時代までは、おおむね守られていました。

しかし、平安時代に入った800年代のはじめごろから、戸籍の作成が全国一斉に行われることはなくなり、各地でまちまちに行われることになったのです。

戸籍の作成が行われなくなると、必然的に新たに年齢に達した者への田の班授や、老齢となった者の田の収公《しゅうこう》が行われなくなります。

そうなると口分田《くぶんでん》を事実上、私有する者も生じてきました。また自分に配給されている口分田を勝手に貴族や寺社などに寄進してしまう者も出てきました。こうして「荘園」が増殖していったのです。

さらに時々つくられる戸籍にも、女性や高齢者が異常に増えてきました。60歳以上は、班田収授からはずされるので、それを狙った偽申請が激増しました。農民にとって租税自体はそれほど負担ではなかったはずですが、労役、兵役などは大きな負担でした。それを忌避しようとしたのです。

奈良時代末期から東北地方で「三十八年戦争」が行われており、農民にも多大な負担がかけられていました。800年代の後半には、納税者の数が奈良時代の3分の1に激減したという推計もあります。

また、このころになると、農民の中にも、富裕な者と貧しい者の差が生じてきて、貧しい者は富裕な者に対して、稲などの借財があることが多くなってきました。その借財の肩代わりとして、富裕な農民が、貧しい農民の田を所有したりするようになったのです。

もちろん、それは違法であり、本来は国司の追及を受けることになります。

しかし、富裕な農民たちは、京都の貴族と結びつき、国司からの追及を逃れるようになっていきました。一定の貢物《こうもつ》を差し出すことで、京都の貴族に後ろ盾になってもらい、それも荘園となっていきました。

こうして口分田が減り、荘園が拡大していったのです。

もちろん朝廷の税収は減っていきました。朝廷の権威が低下するとともに、藤原氏ら中央貴族の力も衰えていきました。そこで勃興してきたのが、各地で私的に軍事力を蓄えてきた武家勢力なのです。

古代日本の律令体制が崩壊したのは、飢饉《ききん》、疾病、蝦夷《えみし》との戦争など様々な理由が考えられますが、会計制度の腐敗も大きな要因のひとつとなりました。

第2章

坊主と武士は勘定に強かった

▲諸説入り乱れる応仁の乱の原因はお金にあった
（『真如堂縁起絵巻』より）

日本最古の商業帳簿「土倉帳」とは？

朝廷の力が落ちていき、武家が台頭していく中で、もうひとつの第3の勢力が大きな力を蓄えていました。

それは「寺社」です。

そして日本の会計の歴史を語る上で、欠かせないのが寺社の存在なのです。

日本で「商業簿記」を発展させたのは、寺社といっても過言ではないのです。商業簿記というのは、国の会計簿記などではなく、私企業の簿記ということです。

なぜ寺社が、商業簿記に欠かせない存在だったかというと、古代から中世にかけて、寺社は日本の商業の中心だったからです。

あまりイメージがわかないかもしれませんが、古代から中世にかけての寺社というのは、日本の商業全体を取り仕切っていたのです。

たとえば、永正《えいしょう》17（1520）年に、室町幕府が出した徳政令《とくせいれい》の中に「土倉《どそう》関係で紛争が起きたとき、質札がない場合は土倉帳を提出すべし」という文言があります。

土倉というのは、今でいう質屋とほぼ同様のものです。質草をとって金を貸すのです。質草を保管するのは土倉であることが多かったので、土倉と呼ばれるようになりました。

そして土倉に関しては紛争がしばしば起きました。その紛争が起きたとき、「土倉帳」を出しなさいと室町幕府はいっているのです。

この徳政令に出てくる「土倉帳」というのが、現在わかっている範囲で日本最古の商業帳簿といわれています。

永正17年というと、いちおう、室町幕府は存在していたものの戦国時代真っ盛りの時期です。

この時期、室町幕府は民衆の不満の高まりを受けて徳政令を連発していました。この土倉帳も、そういう世間の雰囲気の中で出された徳政令のひとつです。

そして、この土倉帳は寺社と深く関係があるのです。というより、土倉帳は寺社が持っていた帳簿なのです。

そして徳政令の中で「紛争の際には土倉帳を出せ」と書かれているということは、土倉帳というものが存在するというのが大前提です。つまり、この時代よりもずっと前から土倉帳はあったのです。

いったい、土倉帳とはなんでしょう？

というより、そもそも土倉とはなんでしょう？

そして土倉と寺社はどういう関係があるのでしょう？

それを順にご説明します。


あまり知られていませんが、平安時代から戦国時代にかけて、寺社というのは国の経済の中枢を握っている大財閥ともいえる存在だったのです。

彼らは、けた外れの経済力を持っていました。

信じられないかもしれませんが、室町時代から戦国時代前半にかけて、日本の資産の多くは寺社が所有していたのです。

まず挙げられるのは、その領地（荘園）の広さです。

中世から、寺社は農地の寄進を受け、それが荘園となっていました。

たとえば、比叡山延暦寺《ひえいざんえんりゃくじ》（滋賀県大津市《おおつ》）の荘園の数は現在わかっているだけで285か所を数えるのです（『近江《おうみ》から日本史を読み直す』今谷明《いまたにあきら》、講談社《こうだんしゃ》現代新書）。

比叡山の古記録は織田信長の焼き討ちのときにほとんど失われており、荘園の記録も多くが不明になっているにもかかわらず、これだけの数の荘園が判明しているのです。実際の数は、それをはるかに超えたと思われます。しかも比叡山の荘園は、近江（滋賀県）や近畿ばかりではなく、北陸、山陰、九州にまで分布していました。

現存する記録から見て、近江の荘園の4割、若狭《わかさ》（福井県南部）の3割は比叡山関係のものだったと推測されるのです（『湖の国の中世史』高橋昌明《たかはしまさあき》、平凡社《へいぼんしゃ》）。

比叡山は農地だけではなく、京都の繁華街にも広い領地を持っていました。

京都・五条町《ごじょうちょう》に3ヘクタールもの領地を持っていたことがわかっています。これは後醍《ごだい》醐《ご》天皇の二条富小路内裏《にじょうとみのこうじだいり》と足利尊氏《たかうじ》邸を合わせたよりも、さらに広いのです。当時の京都というのは、日本の首都であり、日本一の繁華街でもあります。今でいうなら、銀座《ぎんざ》、渋谷《しぶや》あたりということになるでしょう。そこに3ヘクタールもの土地を持っているのだから、地子銭《じしせん》（地代）だけで相当な額にのぼったはずです。

また広大な領地を持っていたのは比叡山だけではありません。ほかの寺社も、日本全国に相当な荘園を持っていました。

たとえば、紀伊《きい》（和歌山県、三重県南部）では、水田面積の8、9割が寺社の領地だったとされています。さらに大和（奈良県）では、興福寺《こうふくじ》、東大寺《とうだいじ》（奈良市）、多武峰《とうのみね》（桜井市《さくらいし》）、金峰山《きんぷせん》（吉野郡吉野町《よしの》）、高野山《こうやさん》（和歌山県伊都郡高野町《いとこうや》）領でない土地はないというほどでした（『寺社勢力の中世』伊藤正敏《いとうまさとし》、ちくま新書）。

悪質金融業者だった比叡山

そして寺社は、その広大な荘園を生かして金貸し業を営んでいたのです。

寺社が金融業を始めたのは、平安時代にさかのぼります。

比叡山にある日吉大社《ひよしたいしゃ》が、延暦寺に納められた米「日吉上分米《じょうぶんまい》」を、出挙として高利で貸し出していたのです。

出挙というのは、古代に国家が貧しい農民に種籾《たねもみ》を貸し出し、秋に利息をつけて返還させたことに端を発しています。当初は貧民対策だったものが、次第に「利息収入」に重きが置かれるようになり、いつの間にか国家の重要な財源となったのです。

やがて、この出挙を私的に行う者も出てきました。それは「私出挙《しすいこ》」と呼ばれ、貸金業と同様の業態になっていったのです。

この私出挙を精力的に行っていたのが、日吉大社なのです。

日吉大社というのは、『古事記《こじき》』にもその記述がある由緒ある比叡山の神社です。延暦寺が比叡山に建立された際、日吉大社を守護神としました。そのため中世から戦国時代にかけて、日吉大社は延暦寺と表裏一体となって隆盛を極めるのです。

中世になり貨幣経済の発展とともに、〝私出挙〟は本格的な貸金業である〝土倉〟へと進化していきます。

この〝土倉〟の中心となったのは寺社であり、具体名をいえば比叡山延暦寺でした。京都の土倉の8割は、日吉大社の関連グループだったとされており、全国の土倉に影響を及ぼしていました。延暦寺関係の土倉のことは「山の土倉」などといわれていました。

そして、この土倉の利息というのは非常に高いものでした。当時ではごく標準的な利息が年利48〜72％だったそうです（『中世人の生活世界』勝俣鎮夫《かつまたしずお》編、山川《やまかわ》出版社「中世後期における土倉債権の安定性」中島圭一《なかじまけいいち》）。

現代の消費者金融をはるかにしのぐ超高利貸しです。

もちろん貸金業につきものの「債務不履行」なども頻発しました。借金のかたにとられた零細な田が京都周辺の各所に点在し、それは日吉田《ひえでん》と呼ばれていました。

当然のことながら、紛争なども多発しました。

そこで、この章の冒頭でご紹介した徳政令が出されるのです。

「土倉関係で紛争が起きたとき、質札がない場合は土倉帳を提出すべし」というのは、借金の紛争のときのことをいっているのです。

鎌倉幕府の創設期を支えた会計官

平安時代の末期に軍事貴族が台頭します。

それはざっくりいえば、次のような経緯です。

荘園の拡大に伴い公領が急激に減少し、公領からの徴兵が不可能になってしまいます。

そのため乱が起きたときに、朝廷は直属の徴兵軍を派遣することができなくなりました。

朝廷は、各地の武装豪族などに影響力を持つ「軍事貴族」に頼らざるを得なくなります。

そのため軍事貴族と呼ばれる、各地の武装勢力に影響力のある貴族たちが重用されることになるのです。

その代表格が平清盛《たいらのきよもり》です。

清盛は軍事に強いだけではなく、天皇家と姻戚関係を結ぶなどで後白河《ごしらかわ》上皇の信任を得て、あっという間に朝廷権力の頂点に上り詰めます。しまいには対立した後白河上皇を幽閉してしまうなどやりたい放題でした。

そのため今度は、後白河上皇は、平家《へいけ》のライバルだった源氏《げんじ》に助力を求めます。そして最終的に源頼朝《みなもとのよりとも》が平家を滅ぼすわけです。

平家に代わって大きな権勢を得ることになった頼朝ですが、彼は軍事的な技術は持っていたものの行政的な技術はまったく持っていませんでした。源平合戦《げんぺいがっせん》の後、頼朝のやり方次第では、ただの武運に優れた軍事貴族ということで終わり、朝廷の世が復活していたかもしれません。

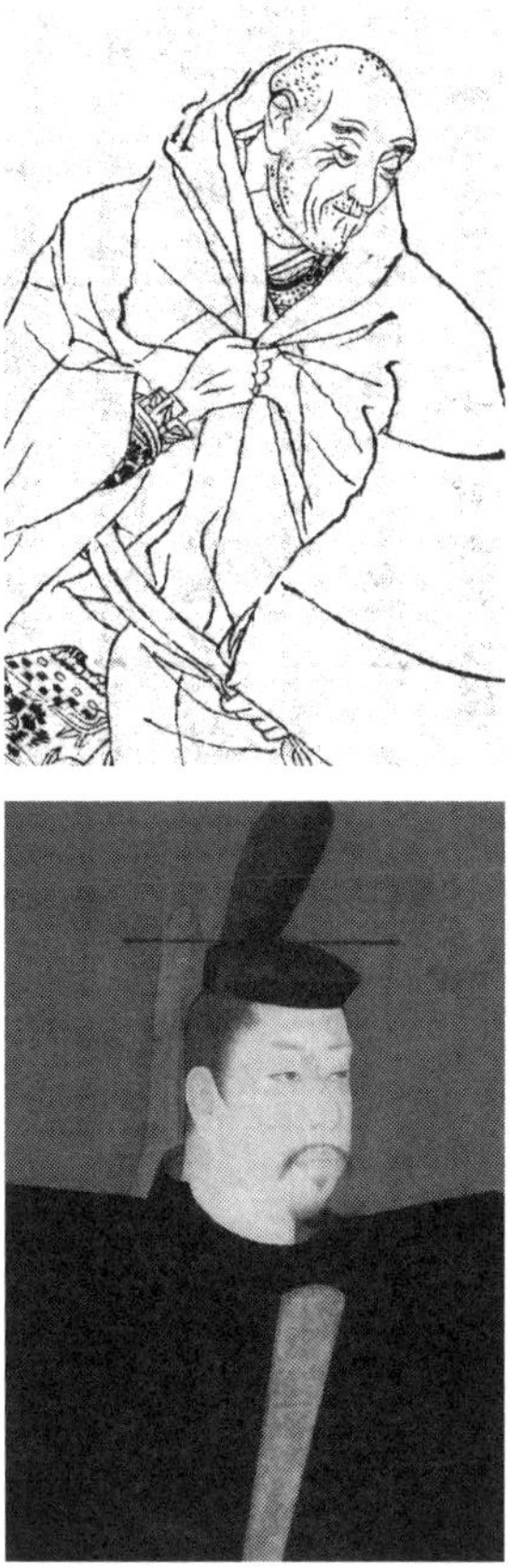

平清盛（上、同前）と源頼朝（下）

しかし、ご存じのように頼朝は鎌倉《かまくら》幕府を開き、政権を担うことになります。それは頼朝が軍事だけではなく、行政的なシステムも素早く整えることができた、そしてそういう人材を集めることができた、ということでもあります。

鎌倉幕府の創設期を支えた人物に、二階堂行政《にかいどうゆきまさ》という会計官がいます。

二階堂は、もともとは朝廷の下級官僚でした。

清盛が朝廷を牛耳っていた時代の治承《じしょう》4（1180）年には、主計少允《しゅけいしょうじょう》となっています。

主計少允というのは、現在の財務省に相当する「主計寮《しゅけいりょう》」の官吏です。だから財務官、会計官という立場といえます。

この二階堂は、頼朝の外祖父の妹が母親であり、遠縁関係にありました。その縁からか、頼朝が鎌倉に「公文所《くもんじょ》」をつくったときに御家人《ごけにん》となっています。朝廷の役人をやめて、頼朝の家臣になったわけです。凋落《ちょうらく》著しい朝廷にいるよりも、頼朝に可能性を見いだしたのかもしれません。

「公文所」というのは、行政を行う官庁のようなところです。頼朝が幕府を開くと「公文所」は「政所《まんどころ》」と呼ばれるようになりました。つまりは政府官庁ということです。

二階堂は、鎌倉幕府の創設に大きな尽力をしています。

いつの時代にもいえることですが、政権というのは武力や政治力だけでとることはできません。財政力があって初めて成り立つものなのです。しかし、武力や政治に長《た》けている人物はいても、会計に長けている人物はなかなかいません。財務や会計に長けている人材をいかに確保できるかが、その政権がうまくいくかどうかの分かれ目ともいえます。

そういった意味で二階堂は、非常に優れた人物だったようです。

二階堂は、鎌倉幕府の主計允《かずえのじょう》となり、財務大臣的なポストにいたと見られています。朝廷では財務省の下級官僚にすぎなかったのが、鎌倉では財務大臣になったわけです。

二階堂行政

文治《ぶんじ》元（1185）年、頼朝は朝廷から守護、地頭《じとう》の設置と「兵糧米の徴収権」を認められます。

この兵糧米の徴収権というのは、実は財政上、非常に大きな意味を持つものです。当時、米というのは、税として納められるものでした。だから兵糧米を徴収する権利を持つということは、徴税権を持つのと同じことなのです。

そして徴税権を持つということは、様々な付帯権も得ることができます。徴税するためには、その国々の収穫量や担税力を調べる権利を有することになります。つまりは、「会計検査権」を得ることができるのです。

また、そのために、守護、地頭を各地に派遣する権利も獲得しています。これで各国に睨《にら》みを利かせることにもなりますし、財政的な基盤を得ることもできます。もちろん鎌倉幕府の大きな飛躍の契機になりました。

この「守護、地頭の設置」「兵糧米の徴収権」の獲得は、二階堂の上司的な立場にあった大江広元《おおえのひろもと》の発案だとされています。しかし、税務会計のスペシャリストだった二階堂の知識が、この発案のベースにあったことは想像に難くないところです。

その後、二階堂は、鎌倉幕府の重鎮となり、頼朝の死後も幕府の最高幹部のひとりとして幕政に携わりますが、3代将軍の実頼《さねより》のころには、幕府から退いた（もしくは没した）ようです。

守護、地頭の会計検査権とは？

「鎌倉幕府は全国各地に守護、地頭を置きました」

これは小学校の社会科にも出てくる事柄です。

しかし、守護、地頭というのは、今ひとつわかりにくいですよね？

「領主とはどう違うの？」

「土地を管理する役人のこと？」

というような疑問を持った人も少なくないと思われます。

守護、地頭がわかりにくいのは、鎌倉時代の成り立ちに理由があります。

鎌倉幕府の時代、つまり武家の時代というのは、朝廷政権がつくった社会を完全にひっくり返して新しくできたものではないのです。

それまで朝廷がつくってきた社会システムを基盤としながら、朝廷が持っていた徴税権や行政権を少しずつ侵食し、事実上の統治権を少しずつ拡大していったのです。

その侵食する過程で生じたものが、守護や地頭と呼ばれるものです。

平安時代末期の土地は、荘園と公領がまだらに入り乱れている状態でした。荘園が急拡大したとはいえ、まだ公領もかなりの部分が残っていたのです。

そして現在の知事のような職である「国司」や県庁のような役所である「国衙」もまだ存在していましたが、平安時代の末期は、源平合戦もあったことから全国各地で治安が乱れていました。

その治安を守るという役割で、各国に「守護」が置かれました。この守護は、鎌倉幕府から派遣された者であり、いわゆる御家人と呼ばれる人たちです。つまりは、鎌倉幕府の配下の人たちでもあります。

この守護は、各国の治安を守るだけではなく、土地を検断《けんだん》する権利や兵糧を徴収する権利も持っていました。

要するに各地を会計検査し、場合によっては課税する権利も持っていたのです。守護たちはその権利を盾にして、各国の国司の徴税、行政業務などを侵食していき、やがて各国の統治者になっていったのです。

一方、地頭というのは、公領ではなく荘園に派遣された幕府の御家人のことです。

先ほど述べたように、平安時代末期には、日本の土地は公領と荘園が入り乱れており、荘園も相当なシェアがありました。この荘園は、平安時代末期には事実上の私有地となっており、課税もままならない状況でした。

その荘園に、鎌倉幕府は御家人を配置する権利を朝廷から得たのです。この荘園に配置されたのが地頭というわけです。

全国の荘園の所有者というのは、その多くが権門《けんもん》と呼ばれる京都の上級貴族や寺院でした。その荘園には荘官《しょうかん》と呼ばれる荘園の管理者がいました。この荘官は、実質的な荘園の経営者であり、収穫の一部を権門や寺社に納めることで後ろ盾を得ていたのです。

[図表1]武士の時代到来による土地所有関係の変化

荘園領主（その土地の正式の所有者）

▼

荘官（その土地の管理責任者）
武士が地頭としてこの地位に入る

▼

農民（その土地の耕作者）

鎌倉幕府は、この荘官の代わりに地頭を置きました。

地頭は、荘官に代わって荘園の管理責任者となり、その土地の収穫から得分《とくぶん》と呼ばれる利益を受け取る権利を持っていました。また地頭は幕府から任命されるため、荘園の領主は勝手に罷免することはできませんでした。

つまり、幕府の御家人たちは地頭として全国の荘園に管理責任者として派遣され、一定の年貢を徴収できるようになったというわけです。

また地頭は、土地の管理責任者といっても、実質的にはその土地の経営者でした。収穫物の管理、売却等の一切を行い、荘園領主に対して、その土地から生じた利益を上納する建前になっていました。

しかし、武士の時代が長くなると、その上納もあまり行われなくなり、室町時代の後半には、地頭たちが事実上の土地の領主となりました。その地頭たちの中には、大きな勢力を持ち戦国大名《だいみょう》となった者もいます。

このように武家政権というのは「なし崩し的」に政権を獲得していったものなのです。
そのため、しっかりした制度設計がなされておらず、様々な弱点を抱えていました。
その弱点の最たるものが「財政力の脆弱《ぜいじゃく》さ」です。
そして財政力の脆弱さによって、武家政権はたびたび混乱します。その混乱が戦国時代を引き起こすことになるのです。

会計視点で見た「応仁の乱」の原因

「なぜ応仁の乱は起きたのか？」

この問題は、日本史の大きな謎となっています。

足利将軍の跡継ぎ問題に端を発したこの戦いは、足利将軍家を置き去りにして、全国の有力守護が敵味方に分かれての大戦争になっていきます。しかも短期間のうちに敵になったり味方になったり、登場人物たちの関係も非常に複雑です。

しかし、会計的な視点で見れば、応仁の乱の原因には、間違えようのない答えが出てきます。

「室町幕府の財政力が弱すぎたから」

ということです。

室町幕府というと、金閣寺、銀閣寺に見られるように、経済力があった政権というイメージがあります。

しかし、そのイメージとは裏腹に実際の室町幕府の財政状態は、ずっと青息吐息でした。

もともと室町幕府は発足当時から、非常に財政基盤が弱かったのです。

ご存じのように、室町幕府というのは、鎌倉幕府の崩壊後、後醍醐天皇の親政に対する反対勢力として発足したものです。

後醍醐天皇による南朝政府と、足利尊氏の北朝政府が、しばらく並立していた時期もあります。いわゆる「南北朝時代」です。

南北朝時代は実質10年程度で終焉《しゅうえん》し、その後は、尊氏の室町幕府が政治の実権を握りました。

ところが、この南北朝時代という時期があったことにより、室町幕府の財政基盤は大きく弱められることになっていきます。

足利政権内部でもめごとが起きると、反対勢力になった者は、すぐに下野《げや》して南朝に加担する、というようなことが多発しました。

足利政権は、政権の存立基盤を安定させるためには将軍家の直轄領を削って家臣を引きつけようとしてきました。その結果、足利家自身の直轄領は非常に少なくなったのです。

室町幕府の直轄領は「公方料所《くぼうりょうしょ》」といわれていましたが、この「公方料所」の明確な広さはわかっていません。しかし、鎌倉幕府よりはかなり少なかったと見られています。

直轄領が少ないということは、年貢収入が少ないというだけの話ではありません。直轄領には、御家人、農民も付随しています。直轄領が少なければ支配下にある人員が少ない、ということでもあります。ということは、戦争時の動員力も落ちるわけです。直轄領が少なければ養える御家人の数も、必然的に減ってくるからです。

幕府の直属軍が少なければ、総体的に管領《かんれい》や守護の発言力が強くなります。

管領の細川《ほそかわ》家や守護の山名《やまな》家が応仁の乱の首領となったのも、そういう経緯によるものです。

そもそも鎌倉政権から財政基盤は脆弱だった

実は室町政権だけではなく、鎌倉政権から財政基盤は非常に脆弱でした。

鎌倉幕府というのは、これまでの朝廷の政権でなく、国家のシステムを根本的に変革させた「武家政権」でした。

この武家政権には、財政上、大きな弱点がありました。

「日本全国を統治する中央集権的な政府ではない」

ということです。

平安時代までの日本は、朝廷という中央政権が全国を統治していました。平安時代の末期には、朝廷の統治能力は衰えていましたが、少なくとも建前の上では、中央集権制度がとられていたのです。

全国の土地は原則として朝廷のものであり、農民は収穫物や労力を税として納めなくてはなりません。各地域の税を徴収し、管理するのは、朝廷から派遣された役人だったのです。いわゆる「班田収授」というシステムです。

この「班田収授」のシステムが、平安時代の末期には崩れ出します。

地方の豪族たちが、土地の名義を京都の貴族に移すことで、朝廷の役人の支配を免れるようになったのです。「荘園」と呼ばれるものです。

当時、荘園は全国各地に広がっていましたが、その名義上の領主はそのほとんどが京都の貴族か近畿地区の寺社でした。

近畿から地方の田を管理運営するのは非常に難しく、やがて、各地の豪族たちが、貴族や寺社の支配からも脱して、実質的に土地の所有者になっていきます。

そういう豪族たちは、平安時代の治安の悪化に伴い、各自が強固に武装するようになります。また豪族たちの間でも、土地の所有権などを巡って、小競り合いをするようになり、必然的に武力が必要となっていきます。

彼らは、馬や武器をそろえ、家人《けにん》（家来）たちに訓練を施しました。

ざっくりいえば、それが武家の成り立ちです。

そして全国各地の武家を代表し、武家の土地の所有権を認めさせたのが、朝廷の軍事貴族だった頼朝でした。

頼朝は、「武家の権利を守る」ということで、全国の武家から支持され、武家の棟梁《とうりょう》となりました。そして朝廷の中の機関のひとつにすぎなかった「幕府」が、実質的に政権を担うということになったのです。

幕府というのは、「臨時司令部」というような意味です。戦乱が起きたときに、派遣された軍の司令部という程度の機関でした。その臨時司令部が、なし崩し的に政権を担うことになったのです。

しかし、幕府は政権を担うといっても、朝廷のように全国を支配し、全国から税を徴収するものではありませんでした。全国の土地の所有者は、その土地土地の武家であり、幕府は「調整」と「指導」をするだけだったのです。

そのため鎌倉幕府の財源は、小さいものでした。

原則として、鎌倉幕府の財源は、直轄管理している土地から得られる税と、貿易による関《かん》税などにすぎなかったのです。

鎌倉幕府の直轄地としては、朝廷の土地（公地）を幕府が管理するという建前で、「関東御分国《とうごぶんこく》」として関東の駿河《するが》（静岡県東部）、武蔵《むさし》（東京都、埼玉県、神奈川県東部）、相模、越後《えちご》（新潟県本土）など4〜6か国がありました。

また「関東御領《ごりょう》」と呼ばれる幕府所有の「荘園」がありました。これは元暦《げんりゃく》元（1184）年に、朝廷から平家一族の旧領500か所を与えられたものや、源平合戦時に自力で切り取っていたものです。

それらの直轄地が、鎌倉幕府の主な財源であり、せいぜい数か国〜十数か国にすぎなかったのです。

これでは全国の政治を行う財源を得られるはずはなく、元寇《げんこう》の役《えき》が起きるとたちまち財源不足が生じ、鎌倉幕府はわずか100年で倒れてしまいます。

そして鎌倉幕府の次に誕生した室町幕府は、もっと財源が少なかったのです。

室町幕府の所領である「公方料所」の明確な広さはわかっていませんが、鎌倉幕府よりかなり少なかったと見られています。それは前述したように、南北朝時代に、家臣である守護たちに多くの土地を分け与えなければならなかったからです。

後年の石高《こくだか》換算でいえば、多めに見積もっても200万石程度だったと見られます。足利将軍の臣下であるはずの山名家、細川家の方が、はるかに大きな所領を持っていたのです。

応仁の乱の東陣営の首領である細川家は、摂津《せっつ》（大阪府北部、兵庫県南東部）、丹波《たんば》（京都府中部、兵庫県北東部）、讃岐《さぬき》（香川県）、土佐《とさ》（高知県）を世襲し、一族全体では阿波《あわ》（徳島県）、備中《びっちゅう》（岡山県西部）、和泉《いずみ》（大阪府南西部）、淡路《あわじ》（兵庫県淡路島）も治めていました。

つまり、近畿、四国一帯で大きな勢力を持っていたのです。もちろん将軍の直轄地の200万石を大きく超えるものです。

応仁の乱の西陣営の首領である山名家は、14世紀末に中国地方で11か国の守護職を務めるなど、強大な勢力を誇っていました。明徳《めいとく》2（1391）年の「明徳の乱」に敗北し、一時的に勢力は衰えますが、その後は復権し、室町時代後半には細川家に匹敵する勢力を持つにいたります。

細川家にしろ、山名家にしろ、共通するのは、将軍家をしのぐ財力、勢力を持っていたということです。

これでは、足利将軍が全国の武家に睨みを利かせることはできません。

日明貿易の費用さえ捻出できなかった室町幕府

室町幕府は、日明《にちみん》貿易を行っていたことが知られていますが、この日明貿易も実は幕府の財政のために行われていたものなのです。

当時の明《みん》は、民間貿易を禁止し、国交のある国と「朝貢《ちょうこう》貿易」だけを行っていました。

「朝貢貿易」というのは、中国の皇帝に対して臣下の礼をとる国々が貢物を差し出し、皇帝はその返礼の品物を与えるという形式で行われるものです。

この「朝貢貿易」は、臣下の礼をとる国の方に、実は大きなメリットがありました。

中国の皇帝は「皇帝の権威を示す」ために、貢物の何倍もの価値がある返礼をすることになっていたからです。このため、明の財政が悪化し、しばしば「朝貢貿易」を制限するほどだったのです。

明からの輸入品というのは、そもそも価値がありました。当時は、明の品物を日本に持ってくるだけでも価値は何倍にも跳ね上がるのです。それに加えて、差し出したものの何倍ものお返しをもらえるのだから、「朝貢貿易」というのは、室町幕府にとって「うまい商売」だったわけです。

室町時代から戦国時代にかけての出来事が記録されている『大乗院寺社雑事記《だいじょういんじしゃぞうじき》』には、日明貿易では日本から中国に備前《びぜん》（岡山県南東部）、備中の銅を10貫文《かんもん》持っていくと中国では50貫文になり、中国から日本に生糸を250文持ってくると日本では5貫文になると記されています。1貫文というのは1000文《もん》です。

だから日本の積み荷は中国で5倍になり、中国からの積み荷は日本で20倍になるというわけです。

つまり、日明貿易は、日本と中国を1往復すれば、積み荷は100倍になるというわけです。

この話は、おそらく若干「盛っている」と思われますが、それでも莫大《ばくだい》な利益が見込めたことは確かです。

この「朝貢貿易」をするために、室町幕府は、明から冊封《さくほう》を受けたのです。冊封というのは、明の皇帝から、「お前をその国の国王にする」という任命を受けることです。

つまりは、形式の上では、明の皇帝の支配に下るということです。もちろん独立国家としては屈辱的です。だから奈良、平安時代の朝廷は、交渉により「朝貢貿易」はしても冊封は受けていませんでした。

ところが、室町幕府の3代将軍義満《よしみつ》は、その日本政庁の意地をかなぐり捨て、あっさり冊封を受けたのです。ちなみに義満は明の皇帝から「日本国王《にほんこくおう》」に任命されています。

室町幕府はそこまでして日明貿易をしたかったわけですが、室町時代後半になると、この日明貿易さえできなくなります。

貿易船を準備するための資金が用意できなかったのです。

日明貿易は、その資金がけっこうかかったのです。

明まで航行できる大型船を用意しなくてはならないし、朝貢品の調達費や船員の給料や食糧費もかかります。

永享《えいきょう》6（1434）年の遣明船《けんみんせん》の記録では、1隻の経費が船のチャーター費用300貫文、船の修理費等が300貫文、船員の報酬が400貫文、食糧、薬、水などが500貫文など、1500貫文かかっていました。

また朝貢費がこの数倍かかったので、合計で1万貫文以上の費用がかかります。これを

5隻から10隻ほど準備しなくてはならないのです。

その資金さえ準備できなくなった室町幕府は、なんと日明貿易の権利をバラ売りするようになります。

当時の日明貿易は明が支給した勘合符《かんごうふ》を持っている貿易船だけが貿易できるという制度になっていました。この勘合符は、明の皇帝1代につき、１００枚が支給されました。つまり、明の皇帝1代の中で、１００隻の日明貿易ができるというわけです。

8代将軍義政《よしまさ》の時代から室町幕府は、この勘合符をバラ売りするようになったのです。

勘合符は1枚あたり３００貫文が相場でした。日明貿易は室町幕府の財政を支える重要

足利義満（上）と足利義政（下）

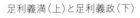

な財源だったにもかかわらず、それさえできなくなっていたのです。

1隻あたり1万貫文の費用がかかったとしても、それが10万貫文、20万貫文になって戻ってくるのです。その権利を、わずか300貫文で売っていたのです。

室町幕府の財政がどれだけ逼迫《ひっぱく》していたか、ということです。

勘合符を購入する者は、守護大名や寺社などでした。

守護大名の大内家や細川家は、競って勘合符を手に入れようとしました。彼らには、日明貿易船を仕立てるだけの経済力があったということです。

当然のことながら将軍の求心力は弱まり、大内家や細川家の発言力が強くなるはずです。室町幕府を会計的に見れば、応仁の乱のような大きな戦乱が起きる要素はいつでもあったのです。

ちなみに応仁の乱が起きたのは、この8代将軍義政の時代です。

第3章

戦国時代の会計革命

▲大乱世に頭角を現したのは高い「会計力」を持った武将たちだった(左上から時計回りで織田信長、豊臣秀吉、徳川家康、武田信玄、石田三成、加藤清正)

戦国猛者たちの会計力

日本の会計史において、戦国時代というのはひとつの大きなターニング・ポイントになっています。

貨幣制度、度量衡など会計の基本となる事柄が、いくつも成立しているからです。

日本では、それまで安定した貨幣制度や度量衡はなく、貨幣はあるにはありましたが、数量が不足したりして米や布を貨幣として使うこともしばしばありました。度量衡も各地にまちまちの数量単位はありましたが、全国的に統一されたものはありませんでした。

しかし、戦国時代にそれが確立されたのです。

そして、そういう会計の基本事項をつくったのは、織田信長、武田信玄《たけだしんげん》、豊臣秀吉、徳川家康《とくがわいえやす》といった歴史に名をはせた戦国の猛者《もさ》たちでした。

戦国の勇猛な武将たちは、会計にも長じていたのです。

日本で本格的に貨幣が用いられるようになったのは、平安時代の終わりから鎌倉時代のはじめのあたりからです。

このときに使われた貨幣は、中国から輸入された「銅銭」によるものでした。中国は北宋《ほくそう》時代（960〜1127）から南宋《なんそう》時代（1127〜1279）にかけて、大量の銅銭を鋳造していますが、この銅銭が日本に流入したのです。平清盛が、宋《そう》から大量に銅銭を輸入し、それが日本に貨幣を普及させたとも見られています。

これにより、日本の貨幣経済はかなり進みました。

13世紀の終わりには、日本は完全に貨幣経済に移行していました。年貢も米ではなく貨幣で納めるようになっていたのです。

しかし、室町時代の末期に、日本では深刻な貨幣不足に陥ってしまいます。現在でいうところのデフレになってしまいました。中国で新たに政権をとった明が貿易禁止政策を打ち出し、銅銭輸入が途絶えたからです。

日本では以前に輸入された古い銅銭を使っていましたが、何十年、何百年も前のものばかりであり激しく劣化が進んでいました。そして劣化の激しい銅銭は、「鐚銭《びたせん》」などと呼ばれて価値が下げられたり、取引を拒否されたりもしたのです。

しかし、状態のいい銅銭はそれほど残っていないために、貨幣取引そのものが衰退し始めていました。永禄《えいろく》13（1570）年ごろには、銅銭の不足から米を貨幣の代わりに使うケースも増えてきて、貨幣経済が普及する以前に戻ろうとしていたのです。

織田信長の通貨革命

銅銭に頼らない新しい貨幣制度を日本に最初にもたらしたのは、信長です。信長は永禄12（1569）年に、京都、大坂、奈良の近畿地区で、通貨に関する重要な発令をしています。

この発令は次のようなものでした。

◎今後、米を通貨として使ってはならない
◎糸、薬10斤以上、簞笥《たんす》10棹《さお》以上、茶碗《ちゃわん》100個以上の高額取引には、金銀を使うこと。
　中国からの輸入品などの取引にも金銀を使うこと
◎金銀がない場合は、良質の銅銭を使うこと
◎金10両に対して、銅銭は15貫目《かんめ》で交換すること

◎銀10両に対して、銅銭は2貫目で交換すること

信長は、少なくなった銅銭の代わりに、金銀を貨幣として使用するように命令したわけです。これ以前も、金、銀は高い価値を持つものとして珍重され、一部では商取引に使われることもありました。しかし、貨幣として一般化するまでにいたらず、主に贈答用などとして使用されていました。

中央政府が、金銀を正式に貨幣と位置づけ、流通の促進を促したのは、これが最初なのです。

織田信長

明確な記録は残っていませんが、信長は金の大判《おおばん》の原始型のようなものもつくっていたと見られています。

イエズス会の宣教師ルイス・フロイスの報告書では、明智光秀《あけちみつひで》が安土城《あづちじょう》（滋賀県近江八幡市《おうみはちまんし》）を攻撃した際に蔵を開けたとき、印が押され、重量によって区分された大量の判金《はんきん》

があったということが記されています。また大正時代には安土町下豊浦《しもといら》の畑から不定量ながら、2枚の金貨が見つかっています。この金貨は、金の純度が非常に高いものです（摠見寺《そうけんじ》所蔵）。

つまり、信長は日本で最初に金銀を貨幣として本格的に流通させたのです。

現代の社会の目で見れば、金や銀を貨幣として流通させるのは、普通のことのように思えるかもしれません。しかし、これは世界のどこでも通用する常識ではないのです。

金銀が貨幣として、世界的に認識されるようになったのは、近代になってからのことです。それ以前では、金銀が必ずしも世界のどこでも貨幣として使用されていたわけではありません。たとえば、韓国などでは、近代に入っても物々交換もしくは銅銭での商取引を行っていました。日清戦争のころでも、金銀の貨幣使用がされておらず、日本軍は現地での物資調達に苦労したのです。

信長の「金銀通貨使用令」が、日本の通貨制度に大きな影響をもたらしたことは間違いありません。日本の金銀が、通貨として使われるようになったのは、16世紀の末ごろからです。

経済学者の浦長瀬隆《うらながせたかし》氏の研究によると、戦国時代には金銀の産出が進められたが、当初は贈答用や貴族、武家間の取引に限られていた、銀が貨幣として使用され始めたのは、1580年代の京都であり、その後、徐々に畿内の周辺地域に広がっていった、ということです（『中近世日本貨幣流通史』浦長瀬隆、勁草書房《けいそうしょぼう》）。

また金の使用も、1590年代ごろから土地取引の記録などに見受けられるようになっています。

つまり、記録の上では金、銀が通貨として流通し始めたのは、信長の金銀通貨使用令が出て十数年後のことです。記録に残る以前から使われたものもあるでしょうから、それを考えると、ちょうど信長が金銀の使用令を出したころから金銀の通貨としての使用が開始されたといえます。

さらに『多聞院日記《たもんいんにっき》』によると、天正《てんしょう》9（1581）年ごろから金銀に判を押す〝金銀屋〟が出てきたそうです。金銀屋というのは、金銀の材質と重量をチェックして判を押す業者のことです。当時はまだ正規の金貨、銀貨があまり出回っていなかったので、金銀の所有者は、金銀屋の証明を受けることで、通貨としての価値を保証させようとしたのです。

信長のこの命令以降、日本は急速に金銀の貨幣としての使用が広まっていきました。

金銀を高額貨幣として流通させれば、銅銭の不足を大幅に解消できます。

また、これまで高額の取引は大量の銅銭を必要としていたので、遠距離での取引などには非常に不便でした。しかし、金銀を高額貨幣として使用すれば、その不便もなくなり、遠距離間での商取引も活発になります。

つまり、金銀の貨幣としての使用は日本全国の物流を大いに促進したのです。

安土桃山《あづちももやま》時代から、日本の物流は活発化しましたが、それはこの金銀通貨使用令も一助となっているのです。

この法令は、その後の日本の金融システムに大きな影響を与えます。

江戸《えど》時代の日本では、ご存じのように金銀銅による三貨制が敷かれていましたが、この三貨制は、信長の通貨政策を手直ししたものです。

枡や単位の統一

信長はまた「枡《ます》や単位の統一」も行いました。

これも日本の会計史、経済史において重要なポイントです。

枡や単位が統一されている現代の目から見れば、それがどれだけありがたいかがわかりにくいものです。しかし、枡や単位が統一されていなければ、社会生活でかなりの不自由があるのです。

たとえば、年貢を納めるときに、枡が統一されていなければ、徴収人が、大き目の枡を使って量り、年貢を余計にとるということが起きます。これは実際に、戦国以前の世の中ではあったことなのです。枡の不公平を理由にした一揆《いっき》なども生じました。

遠隔地で商取引する場合なども、売り手も買い手も枡の単位の統一がなければ、なかなか取引がしにくいものです。

大坂と京都では、枡の大きさが違うとなると、「枡あたりいくら」という取引ができなくなります。人々は、いちいち相手の単位と自分の単位を計算しなければ、取引ができないのです。

枡や単位の統一は、それほど重要なことなのです。

この枡や単位の統一も、信長が最初にやったことではなく、ほかの大名たちも取り組んでいたことです。かの信玄も、枡の統一には積極的に取り組んでいました（詳細は後述）。

しかし、これも大規模かつ徹底的にやったのは、信長が最初でした。

永禄11（1568）年に上洛《じょうらく》した信長は、翌年、京都でもっとも広く使用されていた十合枡を全国統一の枡とすることにしました。

これは京枡《きょうます》と呼ばれるものです。

京枡は、江戸時代に若干大きさが変わりましたが、そのまま近代に引き継がれ、昭和30年代くらいまでは日常的に使われていました。

今でもお酒の〝枡〟とか、米の〝合〟などは使われていますが、これは信長の経済政策の名残なのです。

大がかりな検地で「固定資産台帳」をつくる

信長は、また大がかりな検地を行って、土地台帳のような帳簿をつくっています。

検地というと、秀吉が行った太閤検地が有名ですが、信長はその前に同様のことをやっていたのです。太閤検地は、信長のそれを踏襲したものといえるのです。

検地というのは、農地の広さや、土地柄を調べて、米の収穫量を測り、年貢の基準を策定する作業です。

自国領の土地を測ることが、なぜ画期的だったのでしょうか？

後世の感覚からいえば、領主は自国の農地に関しては、自由に検地ができそうな気がしますが、決してそうではありませんでした。農民は、各地に隠し田などを持っていたりしたので、検地を非常に嫌がったのです。検地をすれば、農民が抵抗して一揆などを起こされる危険もありました。

そのため戦国武将たちもなかなか検地はできなかったのです。検地をしたとしても「指出《さし》検地《だし》」といって、農民側が自分で測った数値を報告するだけ、というものがほとんどでした。

しかし、信長の場合、かなり細かい検地をしていたことがわかっています。近年の研究では、秀吉の太閤検地までは及びませんが、信長も縄入れ（実測）による検地を行っていたことが明らかになっています（『講座日本荘園史4　荘園の解体』池上裕子《いけがみひろこ》など、吉川弘文館《よしかわこうぶんかん》）。

たとえば、天正5（1577）年に越前《えちぜん》（福井県北部）で行われた検地では、「歩《ぶ》」の単位までが報告されています。このような細かい数字まで出されているということは、実測されたものと推測されるのです。これは信長以前の戦国大名にはないことです。

太閤検地は、この信長の検地をさらに徹底したものでした。

信長がこのような実効的な検地を行えたということは、信長の勢力がそれだけ強かったということであり、また一方では農民との信頼関係もあったということです。

なぜ織田信長は戦場で「領収書」を発行したのか？

このように日本の会計史において、様々な功績を残してきた信長ですが、戦場でユニークな領収書も発行していました。

その領収書とは「防御御札《ぼうぎょおんさつ》」と呼ばれるものです。

戦国時代の合戦のときには、軍はいたるところで陣を構え、戦いのときには、火を放ったり建物を壊したりすることもあります。地元民にとってそれは迷惑以外の何ものでもありません。

したがって、寺社や町人たちは、合戦が起きそうなときには、あらかじめ軍にかけ合い、ある程度の金銭を出すなどして「防御御札」をもらうのが慣習でした。「防御御札」は合戦地域から金銭を徴収した際の「領収書」の役割があったのです。そして、この「防御御札」がある場所では、軍は陣を構えたり、狼藉《ろうぜき》をしたりしてはならないことになっているのでした。

信長もこの「防御御札」を発行していました。

たとえば、永楽11（1568）年、信長が15代将軍義昭《よしあき》を擁して上洛した際、奈良では1000貫目の「判銭《はんせん》」が徴収されたと記録に残っています（『多聞院日記』）。

またフロイスの『日本史』にも、「主要な寺院、堺《さかい》のような大きな町では、朱印《しゅいん》と呼ばれる信長の允許状《いんきょじょう》をもらわないと、安全が保証されない」と記されています。

しかし、信長の「防御御札」はほかの武将のものとは少し違っていました。

信長の「防御御札税」は、町民、村民にとって非常にありがたいものだったのです。

というのも、ほかの武将の防御御札は現場の部隊が随意で発行していたため、町民、村民としては誰に頼めばいいかわからない状態だったのです。そして各部隊から二重、三重に矢銭《やせん》（戦争税）を徴収されたりしたのです。

しかし、信長の「防御御札」にはそういうことはありませんでした。

いったん、信長に「防御御札」を発行してもらえば、それ以上は現場の部隊に矢銭を払う必要はなかったのです。信長の「防御御札」が貼ってある場所では、各部隊が矢銭をとることは厳禁されていたからです。

また信長の軍は、非常に軍紀が厳しく、兵士たちが町人などに狼藉をしたりすることを厳重に禁止していました。

たとえば、永禄12（1569）年、信長が京都に義昭の邸宅を築営しているとき、信長軍の兵士のひとりが見物人の女性のかぶり物を上げて顔を見ようとしたことがありました。それを見た信長は、その場で兵士を一刀両断に切り捨てたそうです（フロイスの『日本史』より）。

さらに『信長公記《しんちょうこうき》』にも、「軍勢が京都に入ったら不届きな者が出るかもしれないと信長は考え、京都の内外の警備を命じたので、乱暴狼藉は起こらなかった」という記述があります。

このような軍律の厳しさにより、地域の住民たちは「信長の防御御札をもらえば安心」ということになったのです。

信長が天下獲りレースでほかの武将より抜きんでることができたのは、こういう「丁寧な仕事ぶり」も大きな要因だったといえるでしょう。

太閤検地と金貨の鋳造

信長が始めた貨幣政策や検地を引き継ぎ、さらに大々的に行ったのが秀吉です。

秀吉が金の貨幣を鋳造したことは、明確に記録に残っています。

秀吉が最初につくった金の大判は、天正16（1588）年の菱大判《ひしおおばん》だと見られています。

この大判は、後藤徳乗《ごとうとくじょう》が鋳造しました。徳乗は金工職人として名をはせていた後藤家の5代目です。


初代の祐乗《ゆうじょう》のときから足利将軍家に仕え、刀の小柄《こづか》などの製作をしていました。信長が金の貨幣を鋳造しようとしていたころから、後藤家も貨幣鋳造に携わるようになったようです。

この後藤家は4代目の光乗《こうじょう》が信長に仕え、5代目の徳乗は秀吉に仕えました。

豊臣秀吉

そして秀吉がつくった金座《きんざ》の主長となり、大判の鋳造を行うことになったのです。

また、ご存じのように、秀吉は「太閤検地」を行いました。

太閤検地を大まかにいえば、全国の農地を細かく測量し、収穫物の概算を出して年貢の基準を決めたのです。

太閤検地というと、これまで大名がやっていた検地とは違い、全国的に縄入れが行われるという、徹底したものでした。

さらに太閤検地では、田畑の所有者、耕作者（納税する者）をひとりに特定し、二重の所有などを解消しました。

これは、二重課税を防ぐためです。

戦国時代のころの田畑というのは、元は貴族の荘園であったものを武家が占拠し、それをまた別の武家が奪ったり、在地の富豪がいつの間にか管理していたり、などで、所有者が何人もいる場合が多かったのです。そうなると、年貢の二重取りなどの状態が生じてしまいます。

耕作する農民の方も、借金の担保として耕作権を手放したり、年貢が払えずに逃散《ちょうさん》した土地があったりして、誰が耕作しているのか明確ではないケースがありました。その場合、土地の所有者は、誰に年貢を払わせればいいのかわからない状態になっていたのです。

そのため所有者をひとりに特定し、その農地を耕作している農民の氏名も特定することで、年貢を払う方、徴収する方の関係をすっきりし、二重の負担や徴収漏れがないようにしたのです。

この「農地の名義の整理」も、信長がすでに一部でやっていたことです。

武田信玄も貨幣と度量衡の整備を行っていた

信長が貨幣制度や度量衡を整えようとしていたころ、信玄も同様のことを甲斐《かい》（山梨県）で行おうとしていました。

甲斐の黒川《くろかわ》金山（甲州《こうしゅう》市）は、戦国時代当時、日本で一、二を争う金の産出量を誇っていました。江戸時代の初期には、毎年1万両近くの金が産出され、世界最大級とされた佐渡《さど》金山にも匹敵するほどの産出量だったのです。

この甲斐の黒川金山を開発したのは、武田信玄です。

江戸時代の甲斐には黒川、中山《なかやま》（南巨摩郡身延町《みなみこまぐんみのぶちょう》）、保《ほ》（南巨摩郡早川町《はやかわ》）、中村《なかむら》（大月市《おおつき》）などの金山がありましたが、その多くは信玄時代に開掘されたものです。

そこで産出された金で、金貨が製造されました。

これが甲州金《こうしゅうきん》といわれるものです。

甲州金は、当時としては金の品位が高いものとして評価されています。

甲州金といえば、碁石金《ごいしきん》が有名です。碁石金というのは、碁石ほどの粒状に鋳直された金です。このほかにも、「小板《しょうばん》」「大板《おおばん》」と呼ばれた板状の金や、「星《ほし》」と呼ばれた円形の金など多様な種類がありました。

『甲陽軍艦《こうようぐんかん》』によると、信玄は、碁石金を武功のあった者への恩賞として両手に3すくい与えたそうです。

また信玄は領国内で金貨の貨幣制度も整えています。

記録の上では、天文《てんぶん》13（1544）年に甲斐で大小4種類の金貨がつくられたことになっています（塩川寺文書《しおかわじ》）。金貨といっても重量が定められただけの原始的なものですが、それでも信玄の貨幣制度は相当進んでいたといえます。

さらに信玄も信長と同様に、度量衡の整備にも力を注いでいます。

信玄は、金貨をつくるために商人の吉川守随《きっかわしゅずい》に正確な金秤《きんばかり》を製造させたのです。

これが「守随秤」と呼ばれるものです。

「守随秤」は、後に江戸幕府に採用され、東日本の公定秤とされました。

また信玄は、甲州枡《こうしゅうます》と呼ばれる公定の枡もつくっています。甲州枡1升は、京枡の1升の3倍です。この甲州枡は、近年まで山梨県では使われていました。

信玄の金の採掘技術や、金貨の製造技術は、家康にそのまま引き継がれます。

武田家で秤の製造を独占していた守随家は、家康にも取り立てられ、江戸で秤座《はかりざ》をつくりました。また武田家の官僚だった大久保長安《おおくぼながやす》なども登用されました。

武田信玄

さらに家康は、武田家の甲州金の貨幣単位、秤量《ひょうりょう》技術も継承しています。

信玄の貨幣制度では、金4匁《もんめ》の貨幣を「1両」として定め、1両の4分の1を「1分」、1分の4分の1を「1朱」とする4進法となっていました。

この貨幣単位を家康はそのまま使い、それは江戸時代を通じて貨幣単位の基本となったのです。

また甲斐での「甲州金（貨）」の鋳造は、江戸時代でも特別に認められていました。江戸時代では、原則として金貨の鋳造は幕府の金座でしか認められていませんでしたが、甲州金だけは特別扱いされたのです。

それだけ信玄の政策が優れていたということです。

武田信玄がつくった課税台帳とは？

このように信長に負けないほどの進歩的な政策を行っていた信玄ですが、なぜ信長に後れをとってしまったのでしょう？

その最大の要因は、地理的要素にあるといえます。

信玄の本拠地であった甲斐は、京都から遠く離れた「陸の孤島」でした。

信玄の領地（当初の）は山間部であり、海に面していないので、交易や商業はあまり栄えていませんでした。しかも水害も多く、豊穣《ほうじょう》とはいいがたい土地でした。

信玄は、この二つのハンディを抱えていたため、なかなか中央に勢力を伸ばすことはできなかったのです。

信玄は生涯において多くの戦をしていますが、戦のたびに軍費の捻出に非常に苦労しました。

甲斐では、普通の方法では十分な税収が上げられず、大がかりな増税を何度も行いました。そのために、領地から逃散する領民が続出していたのです。

「信玄は、領民思いの領主だった」

などと評されることもありますが、これも誤った認識だといえます。甲斐の経済状況では、領民のことを考える余裕などはなかったのです。

信玄は、天文10（1541）年に領主の座について、その翌年の天文11（1542）年8月には、すでに1回目の大増税を実施しています。

具体的に何をしたかというと、新たに「棟別帳《むなべつちょう》」の作成を開始したのです。

棟別帳というのは、簡単にいえば、領内の各家屋とそこに住んでいる家族のことが記された帳簿のことです。現在でいえば、固定資産台帳のようなものです。

新たに棟別帳を作成したということは、家ごとに課税する「棟別役《むねべつえき》」という税金を強化するということです。これは、実は信玄の苦肉の策でもあり、甲斐の貧しさを物語るものでもあるのです。

当時の税制というのは、本来は農地が基本となっていました。

田や畑に対していくらというふうに定められていたのです。家屋にも課税されていた地域もありましたが、それは補完的な税であり、それほど大きな額ではなかったのです。

農地を基本にした場合、天候などで農作物の出来が悪かったら、税の基準を引き下げなくてはなりません。つまり、農作物の出来によって税収が左右されてしまいます。

やせた土地の甲斐では、そういう税のかけ方では、税収が確保できなかったので、不作のため頻繁に税を引き下げなくてはならなかったからです。

そのため信玄は、農作物の出来に関係なく、毎年一定の税収を確保できる「棟別役」を税の柱に据えたのです。農地ではなく、「家屋」や「家族」に課税することで、税収増と税の安定化を図ろうとしたわけです。

しかし、それは農民の負担を大きくします。農作物の出来が悪くても、毎年決められた税を納めなくてはならないからです。

しかも信玄は、それ以降もたびたび増税をしました。

当初、棟別銭《むねべつせん》は本家だけに対して100文。これを春と秋の2回徴収していました。合計200文です。（データ数は少ないですが）当時の棟別銭の全国の相場は年間50〜100文程度とされているので、年間200文はかなり重税の部類に入ると見られています。

しかも、その後、税収不足を補うため新家《しんか》（新屋）にも課税し始めました。この新家の課税も最初は50文でしたが、信玄の死後は100文になっています。

さらに、これまで「棟別役」の対象となっていなかった片屋《かたや》（屋根が両側にはなく、片側にしかない家）や明屋《あきや》（空き家）も対象に含めるようにしています。

この高額な税金を、信玄はしばしば前倒しで徴収しています。

永禄5（1562）年には、甲斐国鮎沢郷《あゆざわごう》（現在の南《みなみ》アルプス市）において、翌年の秋に納めるべき棟別銭のうち30銭を年末までに納めるように指示した記録が残っています。

信玄は、このような経済状態だったので、信長のように早くから中央に進出するようなことができなかったのです。

加藤清正も石田三成も会計官だった

戦国時代を終焉させたとされる関ヶ原《せきがはら》の戦い。

この関ヶ原の戦いは、ご存じのように石田三成《いしだみつなり》を中心とする西軍と、家康を中心とする東軍による対決でした。

しかし、関ヶ原の戦いには、もうひとつ重大な対立軸がありました。

豊臣家内部での三成をはじめとする文官と、加藤清正《かとうきよまさ》をはじめとする武闘派の対立です。

ところが、歴史上では武勇の誉れ高いとされてきた清正は、実は会計官出身でした。そして三成も豊臣家の番頭であり、会計の総責任者という立場です。

三成と清正は、豊臣家の会計官同士であり、両者の対立は、会計官としてのプライドの対立でもあったのです。

清正というと、朝鮮での虎退治などの逸話が示すとおり、「武闘派」「武骨」というようなイメージがあります。

だから文官として出世してきた三成に対し、清正は戦場での活躍により頭角を現してきた、というふうに世間では思われているようです。

ところが、実は清正の武勲のほとんどは後世の創作だとされています。清正の出世のきっかけとなったのは「賤《しず》ヶ《が》岳《たけ》の七本槍《しちほんやり》」です。信長の死の直後、織田家臣同士のライバル争いで、秀吉と柴田《しばた》勝家《かついえ》が雌雄をかけて戦った「賤ヶ岳の戦い」が起きました。そこで顕著な働きをした7人の武将が「賤ヶ岳の七本槍」といわれているのです。

この賤ヶ岳の戦いがあったのが、天正11（1583）年4月。清正が21歳のときのことです。

清正は、この武功により3000石を拝領することになりました。

加藤清正

しかし、この戦い以降、朝鮮の役まで清正の武功に関する資料は、パッタリなくなるのです。

秀吉は、天下統一まで多々の戦争を行ってきましたが、その多くの戦争において清正が「華々しく活躍した」「重要な任務をこなした」というような資料はほとんど残っていないのです。

この時期、清正が何をしていたのかというと、豊臣家の直轄領の代官《だいかん》などを務めていたのです。

清正は、秀吉が関白に就任したとき、主計頭《かずえのかみ》という官職を与えられています。この主計頭という官職は、もともとは朝廷での税収の管理などをする官職のことです。

この官職名をつけられているということは、清正はそれに類した任務を行っていたということです。

実際、清正は、肥後《ひご》（熊本県）半国を与えられる以前は、秀吉が各地に持っている蔵入《くらいり》地《ち》（直轄領）の代官などをしていたことがわかっています。

天正14（1586）年には、播磨国飾東郡《はりまのくにしきとう》（現在の兵庫県姫路《ひめじ》市南東部）にあった秀吉の蔵入地合計5032石の代官を命じられています。

また、このころ清正は、和泉国大鳥《おおとり》郡（現在の大阪府堺市の大部分）の蔵入地の代官もしていたようです。堺は、当時は日本一といっていいほどの国際港であり、その周辺の地の代官をするということは、財務官としてそれなりに優秀だったということでしょう。

ところが、財務官としての清正には、強大なライバルがいました。

それが三成です。

三成は財務官として、清正のはるかに上を行く存在でした。

清正が播磨国飾東郡や堺周辺の蔵入地の代官をしているとき、三成は堺の奉行《ぶぎょう》をしていたのです。

前述したように当時の堺は、日本一の港湾都市であり、豊臣家にとって、もっとも重要な都市でした。その堺の総責任者である「奉行」を命じられていたのだから、三成はこのときすでに豊臣家の財務長官に近い立場にいたことになります。

石田三成

三成と清正は、ほぼ同世代です。同じ会計官としてライバル視していたことは想像に難くありません。それが対立軸をつくった要素のひとつではあったのでしょう。

いずれにせよ、戦国の世で名をはせた人物というのは、武だけではなく会計にも秀でている者だということのようです。

徳川家康によって日本の貨幣制度と度量衡が整えられた

江戸時代の日本では、ご存じのように金、銀、銅による三貨制が敷かれていました。三貨制というのは、金、銀、銅の3種類の貨幣による通貨制度です。金、銀、銅の貨幣は、それぞれが価値に応じて交換されます。

この三貨制度によって、日本は史上初めて安定した「貨幣社会」となったのです。貨幣は3種類あるので、ひとつの鉱物が不足してもほかの鉱物で補うことができます。したがって、貨幣不足に陥るようなことはありません。

貨幣制度が整えば、必然的に商工業も発展します。そのため江戸時代には、日本経済は大きく成長しました。

この三貨制は、幕末まで続きます。

それは現代日本にも大きな僥倖《ぎょうこう》をもたらすことになります。

江戸時代の金、銀、銅による三貨制度と欧米諸国の金融システムとは、金と銀の交換比率が若干違っただけで、基本的な仕組みは変わりませんでした。こうして日本は明治維新以降、欧米の金融システムにスムーズになじむことができたのです。

これは奇跡ともいうべきことです。

というのも、中世から近代にかけて、金、銀、銅をバランスよく通貨として使用している地域は稀《まれ》だったからです。銀だけを使っていたり、銅だけを使っていたりすることが普通だったのです。

この三貨制をつくったのは、家康です。

通貨の制度自体は、信長や信玄によってすでに構築されようとしていました。しかし、信長や信玄は、貨幣制度に取り組んだ期間が短かったため、彼らがつくった貨幣制度はまだ「完成」や「安定」とまではいきませんでした。

徳川家康

家康は、信長や信玄がつくりかけていた通貨制度を大規模に完成させ、安定させたのです。家康は貨幣制度の構築において、大枠の制度を信長から引き継ぎ、貨幣の形状や単位などは信玄から引き継いだのです。

家康は莫大な金、銀、銅などの貴金属を保有していました。

金、銀というと、信長や秀吉の方がたくさん持っていたイメージがありますが決してそうではありません。家康の方がはるかに大量に持っていたのです。そして、それは江戸幕府の270年にわたる安定政権の財源となりました。

この金、銀、銅の三貨制の導入により、日本に史上初めて安定した本格的な貨幣社会が到来しました。

室町時代から戦国時代まで、社会を悩ませ続けていた銭不足もこれで解消されたのです。以前は、貨幣取引のほとんどが永楽銭《えいらくせん》か、それを模した銅銭によって行われていました。そのため永楽銭の輸入が途絶えたときに、銭不足となりました。

しかし、家康が導入した三貨制により、金貨、銀貨を高額取引に使い、旧来は貨幣として用いられてきた永楽銭を少額取引に使うようになりました。永楽銭は小銭というような扱いになったので、永楽銭への依存度が大幅に減ったのです。

家康のこの貨幣制度は、江戸時代を通じて安定していました。若干の相場の高騰、デフレやインフレはありましたが、戦国時代のように「銭不足により米を貨幣代わりにする」というような状況は生じませんでした。

また、この貨幣制度は、幕府の財政安定にも大きく寄与します。

幕府は貨幣を鋳造することによって大きな利益を得ることになりました。江戸時代の270年の間に、米の価格が相対的に下がったため、幕末になると、平時でも幕府財政の3割以上を貨幣鋳造益が占めるほどになったのです。

様々な面において、家康がつくった貨幣制度は、江戸時代270年の平和をもたらした大きな要因のひとつになっていくのです。

第4章

江戸時代の優れた会計官たち

▲幕府に莫大な貨幣鋳造益をもたらした
「元禄小判」（上段）と「万延二分金」（下段）

諸大名を監視する閻魔帳「御前帳」とは？

江戸時代というのは、ご存じのように関ヶ原の戦いで勝利した家康が江戸に幕府を開くことで始まりました。

江戸時代は実に270年も続き、武家政権としては日本史上もっとも長い政権です。また江戸時代を通じて、戦乱はあまり起きておらず、非常に平和な時代でもありました。同じ武家政権でも鎌倉時代、室町時代は戦乱に明け暮れていましたし、室町時代の末期には戦乱の収拾がつかなくなり戦国時代になってしまいました。

それを考えれば、江戸時代は幕末の動乱を除いては、ほとんど戦乱らしい戦乱もなく、明治以降の歴史と比べても、奇跡のような平和な時代だったのです。

これは、江戸幕府による全国の大名の管理がうまく行われていたからでもあります。

そして江戸幕府の大名の管理にも、会計帳簿が使われていました。

家康は、関ヶ原の戦いから間もない慶長《けいちょう》9（1604）年、西国《さいごく》の大名たちに対して「国郡之絵図《こくぐんのえず》」を3部ずつ提出することを命じます。

「国郡之絵図」とは、領内の村ごとの地図や年貢高が、絵図とともに記載されているもので、御前帳《ごぜんちょう》とも呼ばれています。

この御前帳は家康が始めたものではなく、秀吉も、天正19（1591）年に全国の大名にこれを提出させています。かの太閤検地も、正確な御前帳をつくらせることが目的でもあったのです。太閤検地により、全国各地の農地の広さや収穫高が調査されました。その総まとめとしてつくられたのが御前帳なのです。

秀吉は、この御前帳をもとにして朝鮮出兵の軍役人数などを決定しました。

家康も秀吉にならって幕府を開いた直後にこの御前帳を徴収しました。

しかし、家康の御前帳は秀吉のものとは少し違いました。

家康の御前帳は、年貢量を基準にしていたのです。

各大名領の土地の広さなどは、秀吉のときの御前帳によりだいたい把握できています。だから家康は、大名が実際に徴収している年貢を記させたのです。

年貢の掛け率は、その土地土地によって違います。

地域の慣習などにより、年貢が高かったり安かったりしたのです。土地が広くても年貢が安く、大名の経済力はそれほどでもないという場合もあったし、その逆もありました。

年貢を基準にすると、その大名の真の経済力を測ることができます。

家康はこの御前帳をもとにして、江戸建設などの「天下普請《てんかぶしん》」の徴発人数などを決めたのです。

「天下普請」というのは、国家のための土木、建設事業などを、諸大名に命じるというものです。これももともとは秀吉が大々的に始めたものです。

これは天下人《てんかびと》が、諸大名から間接的に税をとる方法でもありました。

当時の封建制度の社会のシステムでは、大名の領地の徴税権は大名が持っていました。天下人の秀吉といえども、大名の領地に勝手に課税して年貢などを徴収することはできなかったのです。鎌倉時代から戦国時代の間に、武家社会の中でそういうシステムが根づいていたのです。

しかし、秀吉としては、各大名からどうにかして税を徴収したいと思っていました。それは自分の財政力をつけるためでもあり、各大名の力を弱めるためでもありました。

そこで秀吉は「天下普請」を多用することを思いつきました。

「天下普請」は国家のための事業ということになっていますが、現実的には豊臣家の城や都市の整備などを行うものでした。本来、豊臣家が支出すべき事業費を、諸大名に天下普請を命じることで、税を徴収するのと同じ効果を得たのです。

これを家康も踏襲しました。

家康の天下普請は、関ヶ原の戦いの直後から行われました。

関ヶ原の戦いから半年後の慶長6（1601）年5月、家康は京都で二条城《にじょうじょう》の築城を開始します。二条城は、家康が京都にいるときの宿泊場所とされるものでした。家康は、この二条城の天下普請を西国大名に命じたのです。

慶長8（1603）年2月、家康は征夷大将軍《せいいたいしょうぐん》に就任すると、その翌月には、主な譜代《ふだい》大名、外様《とざま》大名に江戸の都市整備の天下普請を命じます。

これは「六十六カ国の町普請」とも呼ばれました。

大名たちの普請の基準は「千石夫《せんごくふ》」であり、領地の1000石につきひとりの夫役《ふやく》を課すというものです。つまり、10万石であれば100人分の労役を提供しなければならないということです。

この労役の人数をはじきだすために、「御前帳」は役に立ったのです。

このときに神田山《かんだやま》を掘り崩し、日比谷入江《ひびやいりえ》からの埋め立て工事が行われました。また城下を流れる平川《ひらかわ》に日本橋《にほんばし》が架設されました。

慶長11（1606）年からは、「江戸城」の天下普請が始まります。江戸城の建設（改築）は家康によってすでに進められていましたが、将軍宣下《せんげ》を機に、江戸城を幕府の本拠地として、大規模に増築されることになったのです。

江戸城の天下普請には、主に西日本の外様大名が動員されました。秀吉恩顧《おんこ》の大名、加藤清正、細川忠興《ただおき》、藤堂高虎《とうどうたかとら》、浅野幸長《あさのよしなが》、前田利常《まえだとしつね》なども軒並み参加しています。

この江戸城の建設は、家康の存命中には終わらず、寛永《かんえい》15（1638）年になってようやく完了しました。実に30年以上かかった大工事だったのです。

その間、諸大名たちは莫大な労役を提供し続けました。

この天下普請による大名統制は、江戸時代を通じて行われました。関ヶ原で西軍についた大名の中でもっとも厄介だとされた薩摩《さつま》藩（鹿児島県）に対しても幾度も大規模な天下普請を命じています。

薩摩藩の天下普請は、慶長9年の江戸城の修築から始まり、18世紀半ば（1854～1855年）には、木曽川《きそがわ》の治水工事を命じられています。

この木曽川治水工事は、江戸時代を通じて最大級の土木工事でした。工事費用は30万両以上かかることが予想されました。

当時、薩摩藩はすでに67万両の借金を抱えており、この天下普請は「取り潰し命令」に近いようなものでした。この天下普請の命令がきたとき、薩摩藩内では、これを断って幕府と戦うべきという意見も出ていたのです。

しかし、最終的に薩摩藩は、この天下普請を受けることになります。

この工事の過程では、工事の最中に水害が起きるなどたびたび不測の事態が生じました。そのため責任をとるという形で、薩摩藩士が自害しました。

平田靭負像（岐阜県養老郡養老町）

また幕府の役人への抗議として自害するケースもありました。この工事全体では、家老の平田靱負《ひらたゆきえ》をはじめ薩摩藩士の自害は51人にものぼったのです。

工事費用は、最終的に40万両にも及び、薩摩藩の財政を大きく圧迫しました。もしこういう天下普請がなければ薩摩藩はもっと早く討幕をしていたかもしれません。

近江商人が使っていた世界標準の会計制度

日本では、江戸時代にすでに、非常に優れた会計システムがありました。

「近江商人」という言葉を聞いたことがある人も多いはずです。

近江商人というのは、もちろん近江出身の商人のことであり、江戸時代には「勤勉で優秀な商人」の代名詞でもありました。

なぜ近江商人という言葉が生まれたかというと、近江の商人が全国規模で活躍することが多かったからです。彼らは現代日本の商業にも大きな影響を与えており、伊藤忠《いとうちゅう》商事、西武《せいぶ》グループ、百貨店の髙島屋《たかしまや》などは、近江商人の系譜を引いているのです。

近江商人は、算術や記帳などに秀でていました。

そして古くから「複式簿記」を使っていました。複式簿記というのは現在でも世界の会計の標準となっている簿記方式です。近江商人は現代の世界標準に近い会計方式をすでに江戸時代に使っていました。

そして近江商人の簿記方式は日本の各地の商人にも採り入れられていました。だから江戸時代の日本の商人は世界でも非常に優れた会計制度を使っていたのです。

さらに近江商人のこの優れた簿記制度というのは、一朝一夕にできたものではなく、長年かかってつくり上げてきたものだと推測されます。

近江商人（初代細田善兵衛像）

近江というと、現在でこそ琵琶湖《びわこ》周辺の観光地というイメージですが、戦国時代当時は、日本でもっとも商工業が栄えた地域だったのです。

近江は、古代、大陸からの渡来人が多く移り住んできた場所です。

天智《てんぢ》天皇2（663）年、日本は朝鮮半島

の百済と同盟を結び、唐と新羅の連合軍に対して戦いを挑みました。いわゆる「白村江の戦い」です。

この白村江の戦いで日本と百済の連合軍は大敗し、百済からたくさんの亡命者を受け入れましたが、その多くは近江に住んだとされています。近江には、陶器や製鉄など、百済の先進的な技術が持ち込まれました。そのため商工業が非常に発達したのです。

また近江には、比叡山延暦寺があります。

前述したように、日本の会計史において寺社の存在は欠かせないものであり、延暦寺はその中心地でもありました。

戦国時代、高度な会計知識を有していた明智光秀や石田三成も、近江に深い縁があります。光秀は近江にいた記録がありますし、三成は近江の坂田《さかた》郡石田《いしだ》村（現在の長浜《ながはま》市石田町）の豪族の家に生まれているのです。

日本の会計史の中で、重要な資料として「中井家《なかいけ》の帳簿」というものがあります。

中井家というのは、近江日野《ひの》（現在の蒲生《がもう》郡日野町）で日野塗《ひのぬり》といわれたお椀《わん》の製造販売を行っていた商家です。信長の時代から商売を始め、江戸時代になると当主の中井源左衛《げんざえ》門《もん》（初代）が関東以東にも販路を広げて豪商となります。中井家には、1万5000点にも及ぶ帳票資料が残されており、日本会計史の重要な資料となっています。

この中井家の帳簿には、大福帳《だいふくちょう》、金銀出入帳、売立帳、仕入帳、貸借帳などがあり、現在にも通じる簿記システムを持っていました。

また「収入、支出」と「資産の増減」の両面から会計をチェックする仕組みになっており、複式簿記といえるものでした。

複式簿記というのは、ざっくりいえば「損益計算書」と「貸借対照表」の二つの表を用いる会計方法のことです。

売上から経費を差し引いて利益を算出するのが「損益計算書」です。この損益計算書が、いちばん基本的な会計帳簿となります。

複式簿記というのは、この「損益計算書」に加えて、資産と負債の一覧表である「貸借対照表」を用いるのです。この「貸借対照表」では、今期分の利益だけ資産が増えているはずであり、資産と負債を差し引きすれば今期分の利益が算出されます。

そして「貸借対照表」で導き出された今期分の利益と、「損益計算書」で導き出された今期分の利益はピタリと一致しなくてはなりません。もし一致しなければ、どこかに計上漏れがあるということになります。

つまり、企業の会計を「収支」と「財産」という二つの面からチェックすることにより、正確な会計状況を把握することができるのです。

複式簿記という会計方式は、現在の会計方式のスタンダードであり、全世界の企業で使用されています。

この複式簿記は中世のイスラム諸国で発明されたともいわれますし、古代から使われていたという説もあります。

しかし、なぜか日本では近江商人が早くからこの複式簿記を使っていたのです。そして複式簿記は、江戸時代後半では各地の商家でも使われていたのです。

なぜ日本で古くから複式簿記が使われていたのかについては、諸説あります。日本で独自に発達したという説もあれば、江戸時代初期に長崎からヨーロッパの簿記の方法が伝わったという説もあります。明確なことはわかっていません。

江戸幕府の元禄6年の財政報告書

江戸時代は270年もあり、さすがに幕府財政もいつまでも良好とはいえませんでした。

江戸時代中期ごろから、財政状況が悪化し始めます。

この財政悪化に対し、幕府はどういう対処をしたのでしょうか？

もっとも効果があったのは「貨幣改鋳」です。

簡単にいえば、金の品位を落とした小判《こばん》を鋳造し、それを以前の小判と同じ価値で流通させ、その分の差益を得るということです。

この「貨幣改鋳」は江戸幕府の財政再建の常套《じょうとう》手段でした。

最初に貨幣の改鋳を行ったのは、元禄《げんろく》8（1695）年8月のことです。

時の勘定奉行の荻原重秀《おぎわらしげひで》が、金銀の産出量の不足と貨幣流通量の低下を理由に、金の品位を落とした「元禄小判」を鋳造したのです。

この貨幣改鋳により、幕府は500万両の出目《でめ》（収入）を得たとされています。

重秀は、4代将軍の家綱《いえつな》、5代将軍の綱吉《つなよし》に仕えた財務官僚です。元禄検地と呼ばれる検地で功績があり、小身《しょうしん》の旗本《はたもと》ながら勘定吟味役《かんじょうぎんみやく》に抜擢《ばってき》されました。この勘定吟味役は、幕府の会計をチェックするために綱吉の代に制定された役職であり、後に「勘定奉行」と改称されました。現代でいえば財務大臣というような存在です。

重秀は、この重要な役職に就いたときに貨幣の改鋳を行ったのです。

5代将軍綱吉、6代将軍家宣《いえのぶ》、7代将軍家継《いえつぐ》の治世のことを記した『三王外記《さんのうがいき》』には、重秀の言葉として「貨幣は国家が造る所、瓦礫《がれき》を以ってこれに代えるといえども、まさに行うべし」というものが載っています。

この言葉は、「貨幣は国家がつくるものなのだから、瓦礫でつくったとしてもそれは貨幣となりうるのだ」という意味です。貨幣は国家が製造し、その価値を決め、社会に流通するものなのだから、品位の高い金銀でなくても構わないのだ、ということです。

この貨幣改鋳は、当時の幕府内部でも賛否両論があったようです。

幕府の関係文書の中に、『御蔵入高並御物成元払積書《おくらいりだかならびにおものなりもとばらいつもりがき》』というものがあります。これは幕府財政収支報告書ともいえるもので、元禄6（1693）年ごろと、それ以前の10年間の平均の収支を比較した文書です。この文書はおそらく貨幣改鋳の議論をしてい

[図表2]御蔵入高並御物成元払積書（単位：両）

収入

米（216万8700俵）	約60万8000
金	56万2270
合計	約117万

支出

		天和8（1683）年ごろ以降10年の平均値	元禄6（1693）～7（1694）年ごろ
人件費	切米役料	36万9600	39万8000
	扶持合力他	5万6840	6万7368
	合力	2万6200	5万5580
城、寺社、その他建築物等の新築、修繕	作事	4万3900	26万8500
	所々作事	9900	1万2080
将軍、城中等の費用	納戸	5万7900	15万560
	細工方	2300	1万1400
	賄方	3万4544	2万4370
	小細工方	1万5600	1万2280
	畳方	3800	9870
	万入用	2万300	1万7300
二条城、大坂城費用		14万1564	14万1564
その他諸費用	在々入用	10万568	10万5692
支出計		88万3016	127万4564

出典：『勘定奉行の江戸時代』藤田覚、ちくま新書より筆者作成

たときにつくられた資料だと推測されます。

この収支報告書を見ると、元禄6年ごろとそれ以前の10年間の平均では、支出が大きく膨らんでいることがわかります。元禄6年ごろ以前の10年間の平均では88万3016両だった支出が、元禄6年ごろには127万4564両になっているのです。なんと44%もの増加です。

収入については元禄6年ごろとそれ以前の10年間の平均も同額となっているので、おそらくあまり変化がないということで、詳細を端折《はしょ》ったのでしょう。

この財政報告書は、支出の増加を指摘し、「支出を削れば貨幣の改鋳など必要ない」ということを主張したかったものと思われます。

当時は5代将軍綱吉の時代です。

綱吉は、犬を異常に大事にしたことで知られていますが、儒教の影響を強く受けた人物であり、朝廷の復興などのための巨額の経済支援を行ったりもしています。そのため幕府の支出がこの時代に激増しているのです。

その支出を賄うために、重秀は貨幣の改鋳を行おうとしたわけです。

幕府の内部では、「貨幣の改鋳は前例にない」ということで反対意見も多かったでしょう。その反対意見を持つ者たちが、この財政報告資料をつくったものと思われます。

しかし、綱吉はこの反対意見に耳を貸さずに、重秀の貨幣改鋳にゴーサインを出したようです。

貨幣の品位を下げるという財政再建方法は、古代から世界中で行われてきたことでもあります。古代ローマや中世ヨーロッパでも、金貨、銀貨の品位を下げるということは、幾度も行われてきました。

国は財政が苦しくなると、金や銀の純度が落ちた貨幣を鋳造し、それを以前の純度が高い貨幣と同じ価値に設定して流通させるのです。

徳川綱吉

これを行うと、以前の金貨は価値が高くなって市場に出回らなくなり、金の含有量が減った新しい金貨ばかりが市場に出回ることになります。いわゆる「悪貨は良貨を駆逐する」というグレシャムの法則です。

また物価の上昇を招くなど、経済社会の混乱も招きます。

したがって、貨幣の改鋳はあまりよい経済政策とはいわれてきませんでした。

ところが、貨幣改鋳にも長所はあります。

それは貨幣不足の解消です。

経済が発展すると必然的に多くの貨幣が必要とされるようになります。

しかし、貨幣を貴金属でつくっている場合は、経済の発展に応じて貨幣を供給するのは難しいのです。貨幣の原料となる貴金属は量に限りがあるからです。

日本中の主要鉱山を独占していた江戸幕府といえども、そういつまでも金銀を大量に算出できるはずもなく、江戸時代の中ごろには金銀の生産量はかなり落ちていました。これまでの品位の貨幣をつくっていれば、供給を賄うことが難しくなっていたのです。

だから低品位の貨幣をつくり、貨幣の量を増やすことは、市場の需要を満たすことにもなりました。


重秀の貨幣改鋳も、物価高を招いたという記録があり、当時も今も賛否両論があります。

しかし、幕府の財政再建に大きく寄与したことは間違いないのです。そして重秀以降、貨幣改鋳が幕府の財政の柱にさえなっていくのです。

貨幣改鋳益が江戸幕府の主財源となる

重秀の貨幣改鋳益に味を占めた幕府は、財政が悪化するたびに、貨幣改鋳を行うようになりました。

そのため関ヶ原の翌年に鋳造された慶長小判と、安政《あんせい》小判を比べれば、金の品位は3分の1になっていたのです。江戸時代後半には、平時でも幕府収入の3分の1近くを改鋳益が占めるようになっていました。

図表3は、江戸時代後半の幕府の収支の推移です。

これを見ると、米（年貢）の収支の規模はそれほど大きく変わっていませんが、金銀の収支の規模は大きく膨らんでいることがわかります。天明《てんめい》2（1782）年には約180万両だった金銀の収入が、幕末の元治《げんじ》元（1864）年には1000万両を超えるまでにいたっています。

金銀による収入がこれほど大きくなっているのは、「貨幣鋳造益」です。元治元年の金

[図表3] 江戸幕府後半の財政収支の推移

年	天明2（1782）	寛政2（1790）	弘化元（1844）	文久3（1863）	元治元（1864）
米収入	627,745石	705,676石	615,034石	663,416石	668,099石
米支出	684,999石	482,241石	656,870石	659,566石	787,626石
米差引	-57,254石	+223,435石	-41,836石	+3,850石	-174,932石
金銀収入	1,779,056両	1,914,375両	4,531,705両	8,909,453両	10,760,681両
金銀支出	1,892,258両	1,438,203両	4,076,542両	10,624,692両	11,101,092両
金銀差引	-113,202両	+476,172両	+455,163両	-1,715,239両	-340,411両

出典：『江戸幕府財政の研究』飯島千秋、吉川弘文館より著者作成

銀の収入の8割以上が、貨幣改鋳関連の収益なのです。

これだけ金銀の収入が増えているにもかかわらず、支出はそれ以上に膨らみ、元治元年では34万両も赤字を出しています。

嘉永6（1853）年のマシュー・ペリー来航以来、幕府の支出は激増しました。国防のために砲台をつくったり、外国から軍艦や武器を購入したり、また対外政策を朝廷と協議することが多かったので、朝廷に関する支出も急激に増えたのです。

こうして幕末には、幕府はなりふり構わず貨幣改鋳を行うようになります。

貨幣の改鋳による財政補填を最大限に利用したのは、幕末の政治を仕切っていた小栗上野介忠順《おぐりこうずけのすけただまさ》です。

上野介は、万延《まんえん》二《に》分《ぶ》金《きん》という新通貨を発行して幕府の財政を劇的に好転させました。

万延二分金とは、万延元（1860）年から鋳造が開始された金貨です。通貨価値は2枚で1両に相当します（1両＝4分）。

この万延二分金は、それまでの金貨と比べると、金の含有量は60％しかありませんでした。金の減量分は、幕府の取り分になるという寸法です。

この万延二分金は、それまでの貨幣の10倍以上の5000万両分も大量発行されたのです。それまでの幕府の金貨は多くてもせいぜい数百万両程度しか鋳造されていないので、万延二分金の鋳造量だけが突出していました。

万延二分金は、幕府の財政悪化を補う切り札でもあったのです。

小栗上野介

上野介は、この万延二分金の改鋳による差益で、慶応《けいおう》元（1865）年に横須賀《よこすか》製鉄所を建設する計画を立てたといわれています。

しかし、世間にとって、万延二分金というのはあまりありがたくない存在でした。金の含有量が4割も減っているのに、これまでと同じ価値で使わされるのです。

しかも5000万両という大量発行です。その結果、世間では急激なインフレが起き、経済が混乱しました。米の値段などは、万延元年以降の7年間で10倍近い値上がりをしたため、庶民は非常に困りました。

このように万延二分金を大量発行をすればインフレが起きるというのは、上野介も最初からわかっていたはずです。つまりは幕府財政を立て直すためには、なりふり構わなかったのです。

こういうことから、上野介は諸藩や世間から恨みを買うことになり、討幕運動の一因にもなったのです。

実力主義だった「勘定役」のポスト

荻原重秀が小身でありながら幕府の財務責任者にまで上り詰めたことは前述しましたが、会計官というのは、江戸時代の官職において「世襲ではない」ほぼ唯一の官職でした。

ご存じのように、江戸時代は、身分が固定された階級社会でした。士農工商と被差別民という階級がまずあり、いちばん上の武士の中には、詳細な階級区分がありました。

幕府では、年貢節句《せっく》など将軍の行事に参加できて知行地《ちぎょう》を持つ「旗本」と、知行地は持たず将軍の各種行事にも参加できない「御家人」に分かれており、その中でも様々な階級がありました。

各藩でも藩主に直接会うことができる「御目見《おめみえ》」と、藩主に直接会うことができない「下士《かし》」に分かれ、その中でも各種の階級がありました。

役職もそれぞれの階級に応じて定められており、下の階級の者が、上の役職に就くことなどはほとんどありませんでした。

しかし、会計官については、幕府でも諸藩でも「実力主義」をとっていることが多かったのです。

幕府の勘定方《かんじょうかた》（財務省のようなもの）では、「筆算吟味《ひっさんぎんみ》」という試験が行われていました。文章力と計算力を試す問題が出され、これに合格すれば勘定方で役がもらえました。

勘定方には、「勘定」という職員と、その下に「支配勘定《しはいかんじょう》」という職員がいました。

川路聖謨

「勘定」は世襲の旗本が多かったのですが、「支配勘定」は「筆算吟味」試験で採用された御家人などで構成されていたのです。

そして将軍に御目見えできない御家人が「支配勘定」から「勘定」に出世するケースも多々ありました。さらに、その先の勘定組頭《くみがしら》や、最終的には勘定奉行にまで到達するケースも見られました。

たとえば、日露和親《にちろ》条約に携わったことでも知られる川路聖謨《かわじとしあきら》は、幕領だった日田《ひた》（大分県）の役人の家に生まれ、当初は御家人でさえなく、父が株を買って御家人の身分になったのです。聖謨は、「筆算吟味」を受験し、合格して「支配勘定」になり、その後、勘定方で出世して勘定奉行にまでなったのです。

勘定奉行というのは、今でいうところの財務大臣のようなものです。会計官としては最高のポストに、幕臣の最下層である御家人がなれたのです。

財務や会計という職種は、知識や技能が必要であり、実力主義をとらなければ成り立っていかないということなのでしょう。

これは幕府だけではなく、諸藩も同様だったようです。歴史学者の磯田道史《いそだみちふみ》氏の著書『武士の家計簿』（新潮《しんちょう》新書）でも加賀《かが》藩（石川県）の会計役人が実力で出世していく様子が描かれていますし、詳細は後述しますが、あの西郷隆盛《さいごうたかもり》も藩の下級会計官から出世して藩の重役になったのです。

薩摩藩を経済大国にした切れ者財政官

薩摩藩というと、ご存じのように長州《ちょうしゅう》藩（山口県）とともに明治維新の立て役者となった藩です。

薩摩藩が明治維新の主役になりえたのは、薩摩藩が強い経済力を持っていたことが大きな要因だといえます。

しかし、そもそも薩摩藩は、はじめから経済力があったわけではありません。薩摩藩は、江戸時代を通じて経済的に非常に不利な条件を持っていました。

薩摩藩は、桜島《さくらじま》の火山灰の影響でもともと米がとれにくいのです。しかも当時の日本では最南端に位置しており、参勤交代で莫大な費用がかかります。

また江戸幕府は、たびたび薩摩藩に「天下普請」を命じました。「天下普請」というのは前述したように、徳川家の築城や城の改修、土木工事などを諸大名に命じるというものです。「参勤交代」と並んで、諸大名の財政をもっとも圧迫していたものです。

この「天下普請」に薩摩藩は、さんざん苦しめられてきました。

徳川政権としては、関ヶ原で西軍についた薩摩藩を異常に警戒していました。そのため、ことあるごとに無理な天下普請を押しつけ、薩摩藩の忠誠心を測るとともに、藩財政の弱体化を謀ったのです。

これらの無理な天下普請の影響もあり、薩摩藩の財政は、江戸時代後半には破綻寸前にまで陥りました。

江戸時代の借金の利子というのは、非常に高く、1割2分くらいでした。今の消費者ローンと同じくらいの高率です。そのため薩摩藩の借金は雪だるま式に膨らんでいったのです。

そして文政《ぶんせい》10（1827）年には、約500万両（銀32万貫）という大借金になってしまいました。

この500万両の借金は、利子だけで60万両です。薩摩藩の収入が12万両前後だったので、利子だけでその4〜5倍にあたります。借金自体は歳入の40倍です。

この借金はどう考えても返せるはずなどなく、ほぼ破綻状態です。

この薩摩藩の巨額の借金を清算したのは、調所広郷《ずしょひろさと》という財務官僚です。

広郷は、もともと下級武士の出身でしたが、茶坊主《ちゃぼうず》として藩に出仕《しゅっし》し、第25代藩主、島《しま》津《づ》重豪《しげひで》に才を見いだされ、天保《てんぽう》9（1838）年には家老に抜擢されて藩の財政を任されるようになりました。

下級武士出身者が財政担当の家老に抜擢されるということは、逆にいえば、この過酷な職務に就きたがる者があまりいなかったともいえるでしょう。

しかし、この広郷は、500万両にも膨れ上がっていた藩の借金を、ある方法でほとんど清算してしまいます。

その方法とは、こうです。

藩に金を貸している商人たちに対し、500万両の借金を250年の無利子分割払いということにします。250年の無利子分割払いということは、ほとんど借金をチャラにしたのと同じようなものです。

調所広郷

広郷は、薩摩藩が琉球《りゅうきゅう》（沖縄県）などで行っていた密貿易に、商人たちを関与させることで、彼らを説得したともいわれています。

薩摩藩は、その後も幾多の商人たちと取引をしており、借金を踏み倒された商人たちにもそれなりにメリットがあることを行ったと見られます。もしただの借金踏み倒しであれば、その後はほかの商人たちも薩摩藩と取引をしてくれなくなるはずだからです。

後世の我々のイメージから見れば、大名はその身分的な威光を背景にして、借金を無理やり踏み倒して済ますことができそうなものですが、そういうことをすると、商人たちから警戒され、二度と借金ができなくなるので、大名といえども、なかなかできなかったのです。

薩摩藩の黒糖の専売と密貿易

広郷は、藩の借金を清算するだけではなく、巨額の貯蓄まで成し遂げます。

その方法は、主に「砂糖（黒糖）の専売」と「密貿易」です。

特に砂糖の専売は、薩摩藩に大きな収益をもたらしました。しかし、この砂糖の専売の収益は、薩摩３島や琉球への厳しい搾取によってもたらされたものです。

薩摩３島というのは、奄美大島《あまみおおしま》、徳之島《とくのしま》、喜界島《きかいじま》のことです。薩摩藩の属領のような扱いを受けていたこの３島は、藩の厳しい収奪の対象となっていました。

３島の砂糖の製造は、諸説ありますが、元和《げんな》９（１６２３）年ごろには開始されていたとされています。

延享《えんきょう》２（１７４５）年ごろには、３島の年貢は米から砂糖に差し替えられました。

そして広郷の時代には、３島から極限まで砂糖の収奪をするようになったのです。

薩摩藩は年貢として課した砂糖以外にも、島で生産された砂糖のすべてを買い入れようとしました。

広郷の財政改革由緒書には天保元（１８３０）年から、砂糖の買い上げ制度が始まったとされています。

この砂糖買い上げ制度とは、３島の砂糖をすべて買い入れるというもので、島内の砂糖の私的売買を厳禁し、これを犯した者は死刑という厳しいものでした。

大島が年々上納すべき砂糖「御定式上納分《ごじょうしきじょうのうぶん》」は、４６０万斤（約２７６０トン）でした（ほかの島は明らかではありません）。この「御定式上納分」以外の余剰分の砂糖は、日用品と交換するという名目で、藩が収奪したのです。

日用品と砂糖の交換比率は、薩摩藩側に恐ろしく有利になっていました。

大島での交換比率は、米1升と砂糖5斤（約3キログラム）が等価とされていました。ところが、大坂では砂糖1斤（約600グラム）の方が米1升よりも高かったのです。天保元年から天保10（1839）年まで砂糖1斤は銀約1・1匁であり、米1升は約0・96匁だったのです。つまり、薩摩藩は大坂の市場価格の5分の1以下の相場で、砂糖を買いつけていたのです。

そして薩摩藩は、余った砂糖と日用品の交換を徹底するため、3島において通貨の使用を禁じました。島民同士の商品の取引をさせず、日用品はすべて藩から買わせようということでした。この通貨全廃のとき、島民間の借金をすべて帳消しにしました。つまりは徳政令です。これにより島民の多くを占める貧困層の不満を一時的に吸収したのです。

また、さらに砂糖を増産するため、男子15歳以上60歳以下、女子13歳以上50歳以下に対して、ひとりあたりの耕地を割り当てました。

この専売制度は、明治維新でも廃止されず、明治6（1873）年3月になってようやく大蔵省《おおくらしょう》（現在の財務省）より「勝手売買」の許可が出されました。

薩摩藩は琉球に対しても砂糖の収奪を行っています。

琉球政庁は、琉球内の砂糖を独占していたとされますが、それを薩摩藩がさらに独占したというのです。

ある年、琉球政庁の砂糖の買い上げ高が87万斤（約522トン）あり、そのうち琉球政庁の諸費用などを差し引き、72万斤（約432トン）を薩摩藩が買い上げたのです。

ただ琉球に対する収奪は、3島に対する収奪よりは甘いといえます。

慶長14（1609）年以来、琉球は薩摩藩の属国ということにはなっていましたが、いちおう、国家としての体裁がありましたし、清《しん》に対しても朝貢していました。そのため3島ほど厳しい収奪はできなかったようです（『鹿児島藩之砂糖専売』土屋喬雄《つちやたかお》、鹿児島県立図書館所蔵より）。

砂糖は、江戸時代には貴重な特産品でした。

江戸時代の砂糖は、薩摩藩などの諸藩の産出と、中国からの輸入に頼っていましたが、砂糖消費の約半分は薩摩産だったとされます。元治元（1864）年の大坂蔵屋敷の収支報告では、総収入81万両のうち、41万両が砂糖によるものでした。

また薩摩藩は、琉球を通じて、中国、東南アジアや、はてはヨーロッパ諸国とも密貿易をしていたとされています。この密貿易の記録は、犯罪のことなので、ほとんど残っていません。

こうして広郷は薩摩藩の財政を好転させたのです。借金を清算した上で、逆に250万両を蓄財しているのです。

薩摩藩が、幕末に巨額の艦船や武器を購入できたのは、この財政再建があってこそ、なのです。

かといって、そのころの薩摩藩の藩士たちが贅沢《ぜいたく》な生活をしていたわけではありません。ほとんどの薩摩藩の藩士たちは、江戸時代を通じて、幕臣やほかの藩士などと比べればはるかに貧しい生活をしていました。特に下級武士の生活は苦しく、西郷隆盛なども、食事に事欠いたり、1枚の布団を兄弟が取り合うようにして寝ていたりしたようです。

それは薩摩藩が幕府から過度な「天下普請」を押しつけられたことも大きく影響していました。薩摩藩が、幕末に討幕運動を展開したのには、そういう背景もあったのです。

長州藩の涙ぐましい新田開発

明治維新のもう一方の立て役者である長州藩も、江戸時代のスタート時点からかなり苦しい財政状況に置かれていました。

関ヶ原で西軍についてしまった長州藩は、112万石あった領土がわずか30万石にまで削られました。3分の1以下です。同じように西軍についたにもかかわらず、ほとんど領土を削られなかった薩摩藩と比べても、かなり不利なスタートでした。

長州藩はこの難局を乗り切るため、江戸時代のはじめから、家臣の俸禄《ほうろく》を数分の一に下げたり、藩を挙げて新田《しんでん》開発を行ったりしていました。

そして幾度も厳しい検地を行い、新田開発の増収分を残さずに、藩財政に組み込んだのです。

実は江戸時代、長州藩以外の諸藩ではそれほど厳しい検地は行われませんでした。農民たちが努力して開発した新田の多くは「隠《かく》し田《だ》」として、お目こぼしされていたのです。

しかし、長州藩はそういうお目こぼしは一切せず、厳しく藩の石高に繰り入れたのです。

寛永2（1625）年の熊野《くまの》検地で、早くも65万8000石にまで増石《ぞうこく》になっています。さらに承応《じょうおう》元（1652）年までに約2万石増加。天和《てんな》元（1681）年までに4万3000石増加しました。

また長州藩では、不毛地帯とされている地域も積極的に開発しました。貞享《じょうきょう》2（1685）年までに7500石、翌3（1686）年の検地では5万7000石の新田が組み入れられました。さらに宝暦《ほうれき》検地（1761〜1764年）では6万3000石の増石となっています。

寛永2年からの135年で、実に19万石以上の増石となっています。当初の石高の4割の増収です。

明治2（1869）年に新政府に提出した藩の財政報告では、本領が71万3666石、支藩が27万4338石で、合計98万8004石となっています。

関ヶ原の直後から比べれば、3倍にも増加しているのです。

それでも多額の借金を抱える

ところが、江戸時代は、当初の米中心の経済から、様々な商品が流通する多様な商品経済に移行し、新田開発だけでは藩財政は賄えなくなっていきました。

そのため江戸時代後半には、長州藩も財政がかなり悪化していました。

天保11（１８４０）年の時点で、長州藩の借金は約１４０万両（銀8万5000貫目）に達していました。薩摩藩の５００万両の借金には及ばないものの、長州藩の年間収入の22倍という巨額です。

村田清風

この長州藩の財政を立て直したのは、家老の村《む》田《ら》清《た》風《せいふう》という人物です。

天保14（１８４３）年に、清風は藩士たちの借金を藩が肩代わりし、藩はその借金を三七ヵ年賦《ぷ》皆《かい》済《さい》仕《し》法《ほう》という方法で清算することにしました。

これは、37年の間、元金は据え置いたまま、毎年、借入金1貫目につき3％の30目を37年間払い続ければ元利をすべて完済するというものです。

3％を37年間払えば111％支払ったことになります。つまり、37年間で利子が11％しかつかないということです。1年間にすれば、0・3％程度です。大幅な利子の引き下げをしたわけです。

そして藩が藩士たちの借金を藩に肩代わりし、その代わり藩士たちの俸禄の引き下げを行いました。

結果的には、藩士たちの俸禄を引き下げさせ、その負担を商人たちに負わせたようなものです。

そして日本全国の流通の要衝だった下関《しものせき》に「越荷方《こしにかた》」という役所をつくります。

越荷方というのは、商人の便宜を図る代わりに手数料をとるという「税関」のようなものです。下関は九州の産品だけでなく、北前船《きたまえぶね》の中継地点でもありました。北前船は、北海道、北陸の産品を、関西地方や関東に運ぶ船です。江戸時代では日本全体の物流の大半は、下関を通っていたのです。

そのため下関に越荷方を置いたことによって、長州藩の財政は格段に潤うことになりました。

これらの財政改革により、ピーク時の天保9（1838）年には9万2026貫目（銀）にも達していた長州藩の借金は、明治維新期には6万貫目程度に減っていました。

また長州藩は、18世紀半ばに撫育局《ぶいくきょく》という藩内の産業振興をする機関をつくりました。この撫育局は、「防長三白《ぼうちょうさんぱく》」と呼ばれる長州藩の特産品の発展に努めました。防長三白というのは、塩、紙、米のことです。

さらに撫育局の会計は、藩会計とは別会計とされてきました。

宝暦検地で生じた増石を藩会計に入れずに別会計としてこの撫育局に組み入れたのが始まりであり、これ以降、撫育局の会計は藩の会計とは別にされるようになりました。

だから撫育局では、藩の会計が赤字になっても、その補塡には使わずに、藩の発展のための予算としてプールされることになりました。

そのため長州藩は、いくら藩財政が赤字になっても、産業振興を続けることができたのです。そして、この産業振興策は、幕末には大きな実を結び、藩に巨額の剰余金をもたらしています。

長州藩は、幕末に諸外国から巨額の艦船や大量の武器を購入していますが、その費用のほとんどはこの撫育局の予算から賄われました。

第5章

明治維新の収支決算

▲薩摩出身の“有能な経理マン”だった
西郷隆盛（左）と松方正義（右）

大政奉還のとき朝廷の金庫は空っぽだった

慶応3（1867）年10月14日、幕府は大政奉還《たいせいほうかん》を行います。

大政奉還とは、江戸幕府が朝廷から委任されてきた日本の政治運営を朝廷に返還するというものでした。

ところが、です。

実は「朝廷」はこの大政奉還に非常に驚きました。

朝廷内の公家《くげ》たちは、自分たちが政権を担うことなどまったく想像していませんでした。

岩倉具視《いわくらともみ》や三条実美《さんじょうさねとみ》などの公家の一部では、討幕運動にかかわっていましたが、彼らとて本当に幕府が倒れるにはまだしばらく時間がかかると思っており、幕府が倒れた後の準備は、まだほとんどしていなかったからです。

朝廷にとって、いちばん大きな問題は金でした。政権を担うには莫大な財源が必要ですが、朝廷にはそれがまったくありませんでした。

江戸時代、朝廷は3万石を幕府から与えられていたというのが通説となっていますが、実際はもっと少なかったようです。政治を動かすどころか、天皇や公家の生活費だけで精いっぱいだったのです。

朝廷は長年の財政悪化が積み重なり、金庫の中は空っぽの状態でした。大政奉還が行われた慶応3年の暮れには、前年に崩御した孝明《こうめい》天皇の一周年祭さえ、資金不足で開催の見込みが立っていませんでした。

財源問題を解決するため新政府（朝廷）は、慶応3年12月23日に、「金穀出納所《きんこくすいとうじょ》」（後の大蔵省、財務省）を創設しました。

この金穀出納所には、福井藩の三岡八郎《みつおかはちろう》（後の由利公正《ゆりきみまさ》）、名古屋《なごや》藩の林左門《はやしさもん》（後の安孫子静逸《あびこせいいつ》）を参与《さんよ》（責任者）に据えました。

そして12月26日の深夜、金穀出納所に京、大坂の大商人を集めました。

「朝廷は、幕府から大政を返上されたが、会計方の引き渡しはされていないので朝廷には金がまったくない。これからは朝廷が国の政治を司《つかさど》ることになったし、幕府との戦争になるかもしれないので、諸経費、軍事費が必要である。勤王のために献金しろ」と命じたのです。

しかし、京、大坂の商人たちは、「朝廷に大政が返上された」といわれても、すぐに「はいそうですか」ということにはなりませんでした。

何しろ、270年もの間、商人たちは幕府のいうことを聞くことで商売を成り立たせていました。幕府の世が終わったことなど、そうそう信じられるものではなかったのです。

このときには大商人だった三井《みつい》家、小野《おの》家、島田《しまだ》家が各1000両ずつ献金しましたが、年内に献金されたのはわずか2万両足らずでした。翌1月末までに献金されたものは、金3万8015両、大判10枚、銀410枚、銀3貫500目、銭1貫900文、米1245石、綿120把《わ》、炭200俵、草鞋《わらじ》1万足でした。

これでは全然足りません。

「財源をどうにかしなければならない」

と金穀出納所が頭を悩ませていたときに、さらに巨額の金が必要となる出来事が生じてしまいます。

「鳥羽《とば》・伏見《ふしみ》の戦い」

が勃発したのです。

旧幕府軍も新政府軍も金欠病だった

当時、江戸幕府が大政を奉還し、いったんは幕末の動乱は収まったものの、幕府内部には不満もくすぶっていました。また薩摩、長州の方も、幕府に挑発的な態度をとっていました。

それがついに爆発したのが、鳥羽・伏見の戦いなのです。

この鳥羽・伏見の戦いは、不思議な戦いでした。

実は新政府軍も旧幕府軍も金がなかったのです。

幕末の動乱、ペリー来航時の防衛出費や長州征伐などで、新政府軍も旧幕府軍も財政は危機的状況でした。

だから、やむを得ず、鳥羽・伏見の戦いが新政府軍の勝利に終わった後、両者はしばらく沈黙するのです。

鳥羽・伏見の戦いから1か月以上もたった慶応4（1868）年2月9日、有栖川宮熾《ありすがわのみやたる》仁《ひと》親王が東征大総督《とうせいだいそうとく》となり、官軍の江戸や東北地方などへの鎮撫《ちんぶ》作戦が始まります。

鳥羽・伏見の戦いまでは、各藩が準備していた兵糧や武器で賄うことができました。しかし、それ以上の遠征となると、各藩の財政では賄いきれません。官軍は、大急ぎで軍資金をどうするか話し合いましたが、解決策は出ません。

そのため1か月もの足踏みを余儀なくされたのです。


また一方の旧幕府軍の方も、金銭的には非常に逼迫していました。

鳥羽・伏見の戦いの後、旧幕府陣営は大坂城に集結していました。当然のことながら、薩長《さっちょう》に対する怒りは頂点に達しており、反撃の機会をうかがっていたのです。

しかし、旧幕府側の財政も火の車でした。

幕末の開国に伴う混乱で、幕府は蓄えをほとんど使い果たしていました。

旧幕府軍は、反撃しようにも、もうその軍費はないというような状態だったのです。

老中《ろうじゅう》の板倉勝静《いたくらかつきよ》の側近だった神戸謙次郎《かんべけんじろう》は旧幕府軍の大坂での在留経費が1日7000~8000両に及ぶということに仰天しています。そして主君の勝静に対し、

「糧米《りょうまい》が尽きれば斃《たお》れるしかないのじゃないか」

と諫《いさ》めました。しかし、勝静は、もう事態は止められないと答えたのです。

旧幕府方の財政的な逼迫は、当然のことながら将軍慶喜《よしのぶ》の耳にも入っていたはずです。慶喜は、鳥羽・伏見の戦いの後、大坂城でいったんは薩長との決戦の意を固めますが、すぐに翻意し、江戸に戻って恭順の意を表しました。

これには経済的な理由もあったと思われます。

なぜ由利公正が会計責任者になったのか？

新政府軍では、福井藩の由利公正が財務の責任者となっていました。

由利は福井藩の藩士なのに、なぜ薩長土《さっちょうど》肥《ひ》が中心の官軍にいたのでしょうか？

実は、あの坂本龍馬《さかもとりょうま》が招聘《しょうへい》したのです。

平成26（2014）年、龍馬に関するビッグニュースが流れました。

今まで発見されていなかった龍馬の手紙が

由利公正

見つかったのです。

しかも、その手紙は、慶応3（1867）年11月初旬に書かれたものと見られ、現存する龍馬の手紙の中では、最後のものなのです。

慶応3年11月といえば、龍馬の念願だった「大政奉還」がなった直後のことです。龍馬はこの大仕事を成し遂げて、真っ先に向かったのが、越前だということです。

幕府は朝廷に政権を奉還したとはいえ、まだ京都では、予断が許されない状況がありました。薩摩藩と長州藩は武力討幕を画策していたし、幕府勢力には不満が蔓延《まんえん》していたのです。

そういう非常に微妙な時期に、龍馬は越前に向かったのです。

もちろん当時は、交通機関はないので、徒歩です。どんなに急いでも、往復1週間程度はかかります。

また主な街道などはまだ幕府が治安を担当しており、幕府の敵だった龍馬が下手《へた》にうろうろ歩き回れば、捕縛されたり斬られたりする恐れもありました。

龍馬は大政奉還成功の余韻にひたることもなく、そのような危険な旅路に出ていたのです。龍馬にとって、越前にはよほど大事な用件があったはずです。

その用件とは、福井藩士の由利を新政府に招聘することでした。

龍馬は、「国の根幹は財政にある」と考えていました。

強い国をつくって欧米の侵攻を防ぐためには、金が必要です。産業を育成し、国を富ませなければなりません。

つまり、財政を担うためのもっとも適した人物を招聘することが、龍馬にとっての国づくりの第一歩だったのです。その財政を担う最高責任者として、龍馬は由利を招聘しようとしていたのです。

由利は、幕末の福井藩で財政を担当し、財政再建に大きな功績がありました。

坂本龍馬

福井藩は、長年、財政赤字に苦しんでいました。由利は、農民や商工人たちに生産資金が不足しているということを見抜き、この資金を貸しつけるために、藩の信用創造で藩札5万両を発行し、生産者に貸しつけたのです。

そして生産者の生産性が上がったところで、藩が生産物を独占的に買い取りました。藩は長崎をはじめとした通商ルートを開拓し、生糸、茶、麻などを海外に売り、海外から金銀貨幣を獲得しました。彼が、財政を担当して2、3年で藩財政は見るみるうちに回復したのです。

龍馬は、由利の財政に関する知識にほれ込み、以前から新政府ができたら彼を絶対に財政官に招聘したいと考えていたようです。

商人を招集して金をかき集める

鳥羽・伏見の戦いの直後、新政府は東征の軍費に関する太政官《だじょうかん》会議を行いました。このときには由利も招集されています。

この会議で、長州藩の広沢真臣《ひろさわさねおみ》が、

「2000～3000両もあれば大丈夫だろう」と発言しました。

それを聞いた由利は、

「そんなものではとても足りない。300万両は必要」

と返答しました。

そして由利は公債を発行し、商人に買い取らせることで、300万両を調達しようとしました。つまりは、商人に借りようとしたわけです。

慶応4（1868）年1月29日、二条城の大広間に京、大坂の商人130人が集められ、「300万両を拠出してほしい」という太政官からの通達が発せられました。

鳥羽・伏見の戦いの勝利により、以前よりも新政府の信用は増していたので、12月の献金命令のときよりは少し献金が増えました。

また新政府は、三井、小野、島田を為替方《かわせかた》に任命して、利権を与えており、これが奏功したようです。為替方というのは、新政府のお金を預かる業務のことであり、いわば「政府取扱銀行」のようなもの。

三井、小野、島田は、ほかの商人に比べれば、当初から新政府に好意的でした。

特に三井は、明治新政府がこの国の新しい支配者になることを見抜き、恩を売っておこうとしたようです。この狙いは的中し、三井家は政商としてのし上がっていくことになります。

2月11日の時点で、商人たちからの献金は20万3512両となっていました。

前回よりはかなり増額していましたが、目標の300万両には遠く及びません。

そのため新政府は諸藩に対し1万石あたり300両を上納させました。この上納金に応じなかった藩は朝敵とされました。朝敵となった藩は官軍から征伐されることになり、降伏した後には、さらに莫大な上納金をとられることになったのです。

また明治元（1868）年5月には、新政府は内国債《ないこくさい》を発行しました。

この内国債を国民に布告するとき、次のような但《ただ》し書きがつけられました。

「朝廷の財政が窮乏しているのを知っていながら、財力があるにもかかわらず、募債に応じない者は、国恩をわきまえない不忠者なので、それ相応の取り計らいをする」

この文面を見ると、ほとんど脅迫のようです。

新政府の軍費の欠乏は、それほど切羽詰まっていたのです。

このなりふり構わぬ資金調達が、どうにか功を奏し、明治2（1869）年の段階で新政府が調達した金は267万両に達しました。

当初の300万両の目標はほぼ達せられたといえます。この金があったからこそ、官軍は江戸や会津《あいづ》、函館《はこだて》までも遠征することができたのです。

このように、明治維新というのは、際どい綱渡りのような金策によってなされたものなのです。

実は優秀な会計官だった西郷隆盛

ご存じのように、西郷隆盛は、最後は自分を慕う旧士族たちにかつぎ上げられて西南《せいなん》戦争を起こしています。

西郷というと、「敬天愛人《けいてんあいじん》」という座右の銘に象徴されるように、「仁義の人」「慈愛の人」というイメージを持たれる方が多いかもしれません。

また西郷は、明治新政府の高官たちが華やかで贅沢な生活になっていく中で、ひとりだけ最後まで質素な生活を貫いた人でもありました。

だから「西郷隆盛と会計」というと、あまりピンとこないかもしれません。

しかし、実は西郷と会計は、非常に関係が深いのです。

西郷隆盛

西郷はその生涯の中で、大きな戦争を何度も指揮しています。長州との間で戦われた「禁門《きんもん》の変《へん》」、旧幕府軍と衝突した「鳥羽・伏見の戦い」、官軍による全国平定の戦いである「戊辰《ぼしん》戦争」、そして「西南戦争」。幕末から明治にかけて起こった日本の内乱戦争のほとんどに、彼は指導者として参加しています。

当然のことながら、戦争をするには、莫大な費用がかかります。当時の藩の指導者たちは、軍事だけを専門にやっていたわけではなく、財政や行政などの広範囲を指揮監督していました。西郷も、軍を率いて戦っただけではなく、戦費の調達にも、深く関与していました。

西郷はもともと藩の会計官僚だった人です。あまり顧みられることはありませんが、西郷は、最初は藩の年貢に携わる下級役人だったのです。そして算盤《そろばん》勘定が非常に得意だったので出世した人でもあります。

つまり、西郷は、最初は軍人としてではなく、財務官として世に出てきた人なのです。当然、薩摩藩の財務事情にも通じています。

また西郷は、明治新政府の設立時の金の工面にも奔走しています。

前述したように明治新政府は発足当時、お金が全然ありません。

そのため官軍は、戊辰戦争では戦費の調達にとても苦労しました。

西郷も、戦費の調達に奔走しましたが、なかなかままなりません。あの江戸城の無血開城も、実は官軍の戦費不足が要因のひとつでした。

官軍には江戸城を総攻撃するような戦費はなく、その状況を鑑みて、西郷は攻撃を中止させ、旧幕府軍の勝海舟《かつかいしゅう》らと示し合わせて、江戸城を開城させたのです。

また明治新政府は、「廃藩置県《はいはんちけん》」という大改革をやってのけますが、これにも西郷が大きく関与しています。

「廃藩置県」というのは、封建制度を壊した社会改革として捉えられがちですが、もっとも大きな目的は「財源確保」でした。それまで各藩に握られていた全国の税徴収権を新政府が取り上げる、そうすることで新政府の財源を賄う、というものだったのです。

この「廃藩置県」は、西郷の「鶴のひと声」で実行されたとされています。新政府の要人たちも、全部の藩を廃止させるというような思い切った改革には、なかなか手がつけられませんでした。300年近くも続いてきた藩という制度を壊すとなると、全国の藩士たちの強い反発が予想されたからです。

しかし、西郷が「やらなくてはならないことはやるしかないのだ」と一喝し、廃藩置県が実現しました。それも西郷が、新政府の財政事情に非常に詳しかったからこそのことなのです。西郷は、廃藩置県をやらなくては、新政府の基盤となる財源が得られないことを、重々承知していました。だからこそ、明治維新早々に、廃藩置県という大変革をやってのけたのです。

その一方で、西郷は元税務官僚だっただけに、庶民の税負担や収入についても熟知しており、維新後に困窮した武士たちに心を痛めていました。「廃藩置県」でもっともダメージを受けたのは武士階級でした。

西郷は、廃藩置県を実行した張本人だけに、そのダメージを受けた武士たちへの同情も強いものがありました。

その心痛が、西南戦争につながっていったのです。

西南戦争の軍費を捻出した西郷隆盛の錬金術

明治10（1877）年、西郷は、薩摩藩の旧士族を率いて武装蜂起します。西南戦争です。西郷は私学校生徒の暴発により、なし崩しに蜂起したのは間違いないことですが、決して、無計画な蜂起ではありませんでした。

西郷軍は「新政府に尋問の筋あり」（新政府に問いただしたいことがある）という大義名分を掲げ、戦争をするのではなく、天皇に直接上奏《じょうそう》をするための行軍という建前をとっていました。

そして軍費についても、それなりの準備をしていたのです。

旧薩摩藩士で、当時は島津久光《ひさみつ》の側近だった市来四郎《いちきしろう》の日記によれば、西郷軍は蜂起の時点で、25万円の軍資金を用意していたそうです。

この25万円はどうやって調達したかというと、

◎3万円は、西郷隆盛、大山綱良《おおやまつなよし》、篠原国幹《しのはらくにもと》、桐野利秋《きりのとしあき》ら戊辰戦争で功があった者の賞

典4～5年分を県が預かっていたもの
◎鹿児島県の県庁の金12万～13万円
◎造船所、火薬局の金2万数千円
◎大坂で借り入れた金6万円
◎鹿児島県の公的金融業者だった承恵社《しょうけいしゃ》の金が2万円

等々のようです。

当時、鹿児島県の県令《けんれい》（知事のようなもの）だった大山は、官金から15万円を提供したことを自供しています。また旧生産会社などの債権を長崎で取り立てて2万円を調達し、西郷軍に渡したそうです。

さらに海軍所管の鹿児島の造船所が、私学校の生徒に襲われ、海軍が引き揚げるとき、菅野覚兵衛《すがのかくべえ》少佐は、2万９７００円を県庁に託しました。しかし、後日、県庁から菅野に返還された金はわずかに２５００円だったそうです。残りの金は、西郷軍の軍資金に充てられたと見られています。

しかし、25万円という金は、そう長く戦えるだけのものではありません。

前述の市来の日記によれば、

「25万円では長く戦うことはおぼつかない」

「西郷軍は2万人程度いると見込まれ、ひとりあたりの食糧費が1日20銭かかるとして軍全体で1日4000円。しかし、傷病者なども出るので、平均ひとり1日30銭はかかるだろうから、軍全体では1日6000円はかかるだろう」

「25万円しかないのであれば、30日戦うのが精いっぱいだろう」

と記されています。

しかし、西郷軍は半年以上にわたって、官軍と戦い続けます。

西郷軍はどうやって軍資金を賄っていたのでしょうか？

実は西郷軍は、「西郷札《さいごうさつ》」という私幣を発行したのです。そして、この西郷札は不換《ふかん》紙幣でした。

不換紙幣というのは、金や銀などとの兌換《だかん》の約束がない紙幣のことです。金銀の準備がなくても発行できるので、これが濫発されれば、深刻なインフレが起きる恐れがありました。西郷軍内でも、インフレを恐れて西郷札の発行には慎重な意見もありました。しかし、西郷軍はもはや「背に腹は代えられぬ」という状況にあったのです。

西郷軍の宮崎の軍務所は、西郷札を発行するため、周辺地域に準備金を募りました。軍務所というのは、軍の司令部と役所を兼ねたようなものです。

この準備金の募集により、都城《みやこのじょう》区長から3000円、高城《たき》（現在の薩摩川内《さつませんだい》市）区長から1000円、佐土原《さどわら》（現在の宮崎市）区長から2000円が集まりました。集まったというよりは、強制的に拠出させたということです。

この準備金をもとに、西郷札を発行したのです。西郷札は、不換紙幣ではありますが、いちおう、準備金を用意したのです。西郷札の発行は数十万円を予定しており、わずか1万円足らずの準備金では、貨幣の信用には到底結びつきません。しかし、ないよりはマシということです。

西郷札は、寒冷紗《かんれいしゃ》という布でつくられていました。

したがって、厳密にいえば「紙幣」ではなく、「布幣」なのです。布のお金というのは、世界でも非常に珍しいものです。

薄い和紙を芯にして、染色された寒冷紗を2枚張り合わせます。接着にはわらび粉の糊《のり》が使われました。わらび粉の糊は粘着力があり、乾くと透明になったのです。そして糊が乾くと、額面に応じた大きさに切断されました。

その布切れに、彫刻した黄楊木《つげのき》の木版で文字や模様を印刷したのです。印刷には、漆が用いられており、耐水となっていました。軍票なので、水に濡《ぬ》れてもいいような細工が施されていたのです。

こうして印刷された布に、朱印と青印を押します。それが乾けば「西郷札」の完成ということです。寒冷紗は額面によって色分けされていました。

地元の人は、これを「わらび札」といい、当時は「西郷札」と呼ばれていなかったそうです。鹿児島や宮崎の人たちにとって、西郷は尊敬の対象であり、西郷さん、西郷先生と呼ぶのが常であり、西郷と呼び捨てにすることはなかったということです。

西郷札という呼び名は後日、官軍によってつけられたようです。

この西郷札は、準備金が十分ではなかったことから、なかなか流通しませんでした。西郷軍は、その支配地域では軍務局という役所をつくって軍政を敷いていました。軍務局の令により、地域住民は西郷札の受け取りを義務づけられていました。また租税も西郷札での納付が推奨されました。

「西郷札は税金の支払いもできる」

ということで、住民に安心して使用させようとしたのです。

しかし、それでも西郷札はなかなか信用されませんでした。

高額紙幣は最初からあまり流通せず、小額紙幣は西郷の信用で、どうにか流通していました。また受け取りを拒む者に対しては、「軍務局に訴える」と脅して、半ば強引に引き取らせることが多かったようです。

西郷軍がほぼ壊滅状態になった8月3日、政府は西郷札の廃札の布告をしました。宮崎、鹿児島には、西郷札をつかまされた商人たちが多数いました。

当時の『東京曙《あけぼの》新聞』は、「薩摩軍が製造した紙幣は、政府が引き取るべき」という社説を掲載したり、政府補償がなされるのではないか、というような憶測がしばらく絶えなかったりしました。そのため西郷札を手放さないで持っている者も多数いたのです。

ところが、明治11（1878）年8月29日に、新たに鹿児島県令となった岩村通俊《いわむらみちとし》が「賊徒の発行したニセ札は通用厳禁であり、所有している者はすべて差し出すこと。このニセ札は後で交換してもらえると見込んでまだ手元に持っている者もいるようだが、このニセ札は決して交換されることはない」と布告しました。

これにより西郷札は、役所を通じて回収され、細断されることになったのです。

このように当時、ただのゴミとなってしまった西郷札ですが、その希少価値から、今では古銭コレクターの間では、高額で取引されています。

なぜ日本の会計年度は4月始まりなのか？

現在、日本では官庁や学校の新しい年度は、4月から始まることになっています。また大企業も3月決算をとっているところが多く、会計は4月から始まり3月で締められます。したがって、「年度」といえば、日本では、4月から3月までというのが半ば常識になっています。

しかし、これは不思議だとは思いませんか？

普通に年で区切るなら、1月から12月で年度とする方がわかりやすいはずです。実際に「年」と「年度」が違うために起こるトラブルもしばしばあります。また欧米に合わせるのであれば、欧米の年度は9月から始まることが多いので、9月から8月を年度とする方が便利なはずです。欧米に留学する人などは、欧米の9月の新学期に合わせようとすると、日本の学年が中途半端になって困ったという人もたくさんいます。

この日本の4月始まり3月締めという年度の始まりは、明治新政府のとある事情が原因なのです。

官庁の事業年度が初めて制度化された明治2（1869）年には、事業年度は10月始まり9月締めとなっていました。それが明治6（1873）年からは、1月始まりになりました。そして明治8（1875）年からは7月始まりになりました。

明治維新から8年間で2回も事業年度が変わっているのです。

そして7月始まりの事業年度は10年ほど続きますが、明治17（1884）年にはまた変更されて4月始まりになったのです。

この後、明治政府は事業年度の変更はしませんでした。その結果、4月始まり3月締めという事業年度が、国中に浸透していき、学校や企業もそれに合わせて4月始まり3月終わりになったのです。

それにしても、なぜ明治新政府は事業年度をこんな短期間にコロコロ変えたのでしょうか？

それには明治時代の「財政問題」が大きな要因となっています。

明治新政府はとにかく金がなかったことは前述しました。

廃藩置県、地租改正などを行い、ようやく財政が安定化しかけたときに、西南戦争が起きたために、また巨額の出費を強いられることになります。

西南戦争では、政府兵力、歩兵55個大隊、工兵1個大隊、その他、輜重《しちょう》、騎兵等で、総勢5万8558人が参加しました。これに海軍兵3380人が加わります。戦死者は6200人あまり、負傷者は9520人にものぼりました。

戊辰戦争では、官軍12万人で死者3750人、負傷者3800人あまりであり、旧幕府軍を合わせても死傷者は1万3000人あまりでした。つまり、損害規模からいうなら、戊辰戦争より西南戦争の方が大きかったのです。

戊辰戦争の軍費を賄うだけで、青息吐息になっていた新政府にとって、この西南戦争の出費は大きな打撃となりました。

西南戦争の軍費は、4200万円でした。当時の歳入規模は5200万円であり、歳入の80％を占めたのです。

政府は、この莫大な軍費を、紙幣の増発で乗り切ろうとしました。しかし、当然のことながら、インフレを招きます。

たとえば、東京・兜町《かぶとちょう》の市場の米相場は、次のように高騰していました。

1石あたり
明治10（1877）年　5円46銭4厘
明治11（1878）年　7円2銭3厘
明治12（1879）年　8円99銭8厘
明治13（1880）年　12円12銭1厘

インフレのため、金禄《きんろく》公債の利息で暮らす士族などは困窮しました。生活に困った彼らは証書を売り払うケースも多かったのですが、証書の相場も下落、明治14（1881）年には3年前よりも17％も下がっていたのです。証書を担保にして高利貸しなどからお金を借り、返済できなくなって流してしまうということも多々生じていました。

生活苦による自殺なども増え、東京では、木賃宿《きちんやど》と呼ばれる1泊2銭5厘の安宿で生活する者が急増。物価高で普通の生活が維持できず、家財道具を売り払い、安宿で暮らすのです。

明治12年、大蔵大臣である大隈重信《おおくましげのぶ》は経済対策として、5000円を外国債で調達しようとします。

しかし、明治天皇はちょうどそのころ来日したアメリカのユリシーズ・グラント前大統領から「外国債をむやみに導入すると外国の侵略を招く」という忠告を受けていたため、外債を許可しませんでした。

こうして新政府の財政は大きな危機に陥るのです。この難問を解決したのは、松方正義《まつかたまさよし》でした。

松方は天保6（1835）年に鹿児島の貧しい武士の家に生まれました。文武に励み、嘉永3（1850）年、松方が16歳のとき、藩の役人に取り立てられ、御勘定所出物問《おかんじょうしょでものとい》合方《あわせがた》に勤務しました。御勘定所というのは、財務省や税務署にあたるところであり、松方も西郷と同じように会計官だったわけです。

松方正義

松方は優れた会計官だったらしく、すぐに能力を認められ、2年後には大番頭座書役《だいばんとうざしょやく》になります。その後も出世が早く、文久《ぶんきゅう》3（1863）年、28歳のときには議政所掛《ぎせいしょがかり》となり、島津久光（藩父）、忠義《ただよし》（藩主）の側近となります。

明治維新後は、大蔵省に入り、国家の財政を担っていきます。

明治14年、大隈が突然、大蔵大臣を辞任します。大隈は、財政政策で行き詰まった上に、北海道の開拓使《かいたくし》政府所有物払い下げ事件を新聞にリークしたのではないかという疑いをかけられて失脚したのです。いわゆる「明治14年の政変」です。

そして後任として松方が指名されたのです。

松方は大蔵卿《おおくらきょう》に就任するや、強固な「緊縮財政」を敷きました。

松方の経済政策というのは、簡単にいえば「節約政策」です。

資本主義経済においては、節約というのは、成長を阻害することのように思われているフシがあります。確かに、節約すれば経済が収縮するものであり、経済成長を阻害することは否めません。

しかし、資本主義経済においても、節約が必要なこともあるのです。というより、いくら資本主義であっても、無理な浪費が続くと、国家経済は破綻するのです。

松方は、「今の日本は市中に通貨が流通しすぎている」と考えました。「通貨があふれているので、国民が自分たちの経済力以上のものを購入する。不換紙幣が市中にあふれたために、国民はバンバンお金を使って外国の商品を買っている」という状態になっていたのです。

当時の日本では、西南戦争で不換紙幣が濫発されており、戦争でも儲《もう》かった商人たちが多額の通貨を持っていました。その通貨で、外国から大量の輸入品を買っていました。

国民が外国商品を買うときには、日本の通貨でも買えます。しかし、国家同士の輸出入の帳尻合わせは、最終的に「正貨《せいか》」で行われます。この時期は輸入超過が続き、正貨が急激に流出していたのです。

このまま正貨が流出すれば、日本は貿易ができなくなり、また決済不足のために、外国から土地や課税権をとられるなど、経済的な侵攻をされる可能性もあります。

明治4（1871）年10月から明治12年6月までに、海外に流出した金銀は、金貨及び地金《じきん》が4470万円、銀貨及び地銀《じぎん》が1550万円、計6020万円でした。

これが続けば日本の正貨は本当に枯渇してしまいます。当時は正貨が枯渇すれば金融システムが壊れ、しまいには国家経済が破綻してしまうことになったのです。

松方は、輸入超過で、正貨の流出が続けば、エジプト、トルコ、インドのように、欧米列強に従属させられてしまうのではないか、という危惧を抱きました。そのため緊縮財政を敷いて、市中に氾濫している金を吸い上げる方針をとったのです。

もちろん政府の歳出もできる限り削減させました。

そして冒頭でご紹介したように、会計年度を7月始まりから4月始まりにずらして赤字を出さないようにしたのです。会計年度を短くすることで、年度の後半で発生するはずの歳出を次の年度に先送りするわけです。そして次の年度は歳出を削減することで、赤字が出ないように埋め合わせをするという次第です。

この項の冒頭でも述べたように、明治時代の初期は会計年度がコロコロ変わりましたが、それにはこういう理由があったのです。

この松方の経済政策は、不景気を招いたので一部では反発もありましたが、やがて功を奏し西南戦争の混乱から脱することができたのです。そして4月にずらした会計年度も、これ以降は変更することがありませんでした。そのため現在でも日本の会計年度は4月始まりになっているのです。

第6章

会計から読み解く戦前社会

▲一鉄道会社の範疇を超えた経済効果をもたらした南満州鉄道(特急「あじあ」)

「企業」の概念を日本に持ち込んだ渋沢栄一

日本に、〝会社〟や〝企業会計〟という概念を持ち込んだのは、かの渋沢栄一《しぶさわえいいち》だといえます。

渋沢というと、500社に及ぶ企業の創設に関与し、「日本資本主義の父」とも呼ばれる、いわずと知れた実業界の重鎮です。

渋沢は天保11（1840）年に、武蔵国榛沢郡血洗島村《はんざわちあらいじま》（現在の埼玉県深谷市《ふかや》）の富農の家に生まれています。

渋沢の生家では、田畑のほかに養蚕や藍玉《あいだま》の製造販売、荒物商《あらものしょう》などもしており、「半農半商」のようなものでした。また質草をとってお金を貸すことも時々やっていました。

この家業の多彩さが、渋沢の様々な業態の基礎知識を会得させ、後年の広範囲な事業活動につながっていると考えられます。

渋沢は商才にも非常に長けていて、14歳のころ藍葉《あいば》の買いつけにひとりで行き、父が目を見張るほど見事な取引をしたそうです。

しかし、時は尊皇攘夷《そんのうじょうい》のころです。

血の気も多かった渋沢は、自らも尊皇攘夷の志士として、世の中に打って出たい衝動に駆られました。父を説得し、遊学という名目で江戸に出ます。

渋沢は、この〝志士活動〟の中で、平岡円四郎《ひらおかえんしろう》という幕臣と知り合います。平岡は一橋《ひとつばし》家（徳川慶喜）の補佐役的な存在でした。そのため渋沢を一橋家に取り立てました。商才や事務処理能力に優れていた渋沢は、一橋家ですぐに重用されます。

しかも慶喜は慶応2年12月（１８６７年1月）、将軍職に就きます。武蔵野《むさしの》の農民のせがれだった渋沢は一気に幕府の要人になるのです。そして慶応3（１８６７）年、フランスに行くことになりました。幕府が参加する万国博覧会の随行員に渋沢が選ばれたのです。渋沢はこのとき1年以上にわたってヨーロッパを見聞します。

渋沢が帰国したとき、幕府は瓦解していました。

渋沢栄一

渋沢は徳川家が移っていた静岡で財政官的

な仕事をしていましたが、新政府から出仕命令が出されます。当時は洋行経験がある人材が少なく、長期の洋行経験がある渋沢などは、新政府としてはのどから手が出るほど欲しかったのです。

渋沢は、明治2（1869）年11月に大蔵省租税正《そぜいのかみ》に任命されました。渋沢は、この大蔵官僚時代には、鉄道建設、生糸産業の育成、電信電話事業、銀行の設立、会社制度の整備など、日本の経済基盤をつくる政策に中心的に携わります。

そして渋沢は、政府だけでなく、商人も変革しなければならないと考えていました。

江戸時代までの日本の商人というのは、幕府や藩の役人の顔色ばかりをうかがう、気概のない者ばかりでした。

江戸時代では身分固定され、新規参入がなかなかできない上に、商人は株仲間《かぶなかま》などで既得権益がしっかり守られていました。だから普通にやっていれば、それなりに商売はできたのです。唯一、商人たちの気がかりは、役人の機嫌。それを損ないさえしなければ、商売は回っていったのです。

そこには商業上の努力や工夫《くふう》はほとんどありません。

渋沢はその当時の実業界の状況を次のように語っています。

〈東京大阪の商業家とも時々面会して、業務上に就《つい》て種々談話もして見たが、旧来卑屈の風がまだ一掃せぬから、在官の人に対する時には只《ただ》平身低頭して敬礼を尽すのみで、学問もなければ気象もなく、新規の工夫とか、事物の改良とかいうことなどは毛頭思いもよらぬ有様である〉（『渋沢栄一／雨夜譚《あまよがたり》　渋沢栄一自叙伝（抄）』渋沢栄一、日本図書センター）

渋沢は、そういう商人たちの世界をなんとかして変革したかったのです。

それには、「会社」という制度を日本に移植することが第一だと思われました。

渋沢は、訪欧中に西欧には「会社」というものがあることを知りました。人々が金を出し合って事業を興す。出資者から委託された経営者が、その事業を経営する。事業の業績が悪ければ、経営者はクビになるという会社の仕組みにいたく感動したのです。

また西欧では、会社は原則として自由に商活動ができました。国はなるべく商活動には関与せず、事業者たちの自由にさせています。事業者たちが勝手に競争したり、創意工夫をしたりしているうちに産業が発展していくというわけです。

日本も、そういうシステムを採り入れるべきだと渋沢は思ったのです。

そこで、渋沢は大蔵官僚時代に『立会略則《たちあいりゃくそく》』『会社弁《かいしゃべん》』という書物を刊行しています。

『立会略則』は渋沢自らが著したもので、『会社弁』は渋沢が福地源一郎《ふくちげんいちろう》に訳述させたものです。

『会社弁』は、「会社」というものの功利を説き、その設立の手順を紹介したものです。半年ごとに決算を行い、会計帳簿を関係者に開示することなどの会計手順も紹介されています。

『立会略則』では、事業を行うには共同出資（つまり、会社をつくる）すると非常に有利であること、事業をするにあたっては会社の自由が保障されるべきこと（国は口を出さない）、などが述べられています。

会社というものが、なんなのかを日本人に紹介したものだといえます。

また会社として、国から免許を受けるための手順も記されています。商法ができる前、会社という制度を最初に定めたのが、この『立会略則』だったといえるのです。

しかし、渋沢は明治4（1871）年に大蔵卿となった大久保利通《おおくぼとしみち》と合わず、明治6（1873）年に大蔵省を去ります。そして実業界に転身するのです。

野《や》に下った渋沢は、矢継ぎ早に企業を起《た》ち上げます。そして、その多くが今でも日本の主要企業として残っています。渋沢が設立に携わった主な企業は、第一国立銀行（現在のみずほ銀行）、東京瓦斯《ガス》、麒麟麦酒《キリンビール》、帝国《ていこく》ホテル、王子《おうじ》製紙、大阪紡績（現在の東洋紡《とうようぼう》）などです。

渋沢は、儲かったお金をほかの事業につぎ込んで自分の事業を拡大していく「財閥方式」ではなく、日本中の資産家に呼びかけて資金を調達し、新しい企業を設立するという方法をとりました。

「株式会社」の仕組みをこれほどうまく使用した人物はいないといえるでしょう。自分が紹介した会社というものの概念を、世間に実際に提示して見せたということです。

欧米よりも多くの会社がつくられていた戦前の日本

「高度経済成長」というと、ほとんどの人が戦後の日本経済のことを思い浮かべるでしょう。しかし、実は戦前の日本もかなりの高度経済成長を遂げていたのです。見方によっては、戦後よりも戦前の方がすごかったのです。

戦前の経済成長率は、次のとおりです。

1908〜1917年　3・09%
1918〜1927年　1・50%
1923〜1932年　2・35%

これは戦後の高度経済成長期に比べれば低いですが、当事の国際水準から見れば相当に高いのです。

明治維新から第2次世界大戦前までの70年間で、日本の実質GNP（国民総生産）は約6倍に増加しています。実質賃金は約3倍、実質鉱工業生産は約30倍、実質農業生産は約3倍になっています。

ペリーの来航で、日本は無理やり開国させられ資本主義世界の荒波に放り出されました。しかし、日本はいち早く資本主義になじみ、むしろ欧米よりもそのシステムをうまく使うようになりました。

明治11（1878）年には、すでに東京株式取引所、大阪株式取引所が相次いで開設されています。当初は、会社の株式の売買はそれほど行われず、年間2万株程度の取引しかされませんでした。取引は公債の売買が中心だったからです。当時は旧武士が、秩禄《ちつろく》を奉還する代わりに交付された公債を、生活苦などで手放すケースが多かったのです。

しかし、明治20年代になると、会社の株式の売買は急激に増加しました。明治22（1989）年には、取引所開設当初の200倍近くにあたる年間370万株の取引がありました。

明治27（1894）年には株式会社の制度が導入され、会社の数が急激に増加していきます。同時期の西欧諸国よりも多くの会社がつくられていました。

明治15（1882）年には東京株式取引所の上場企業はわずか9社にすぎませんでしたが、20年には34社、30年には117社になっています。

もともと日本人は、商取引や金融に関して、長じた民族です。

たとえば、先物市場は日本が世界で最初につくりました。江戸時代、米の相場は変動が激しかったので、1730年ごろに米商人たちが価格変動リスクを回避するために、年に3回、米の先物取引を始めました。これが、世界で最初の先物取引といわれています。

だからこそ、株式市場に対しても、すんなり入っていくことができたのでしょう。

明治の終わりごろには、株の大ブームが起きています。その象徴が南満州《みなみまんしゅう》鉄道株の熱狂的な人気です。

日露戦争の勝利で、日本は南満州鉄道の敷設権を手に入れて「南満州鉄道会社」をつくりました。この会社は資本金2万円で、そのうち1万円分を政府が出資する半官半民の国策会社でした。

明治39（1906）年、第1回の株式募集で10万株が売り出されると、募集株数の1077倍の応募がありました。帝国ホテルをつくった大倉喜八郎《おおくらきはちろう》などは、ひとりで募集株式の全額分を申し込んだほどです。

まるでドラマの世界のような戦前の財閥とは？

戦前の日本を語る上で、欠かすことができないのが、「財閥」という存在です。

財閥というのは、特定の一族が巨大な企業集団を形成したものです。

現在のコンツェルンやコングロマリットと違うところは、株式などの公開度合いが少なく、「一族経営」という意味合いが強いということです。

代表的なものに、三井、三菱《みつびし》、住友《すみとも》、安田《やすだ》などがあります。

終戦時、三井、三菱、住友、安田の4大財閥だけで、全国の企業の資本金総額の49・7

％を占めていました。日本経済の資本の半分をたった四つの財閥が持っていたのです。資産額ではそれよりももっと高い比率を占めていたとされます。日本経済の過半は、数家族の財閥に握られていたのです。

財閥がなぜできたのか？　というと、そこには日本特有の事情があります。

幕末、無理やり開国を迫られた日本は、西洋諸国の企業に負けない企業を即席でつくる必要に迫られました。

そこで特定の商人を優遇し、西洋企業に対抗できる力を持たせたのです。

商人たちも、政府を十二分に利用しました。日本に新しい産業を興すために協力はしますが、同時に特権もとりつけるのです。そうして、財閥という巨大な存在ができてしまったのです。

たとえば、三菱財閥は、最初、船会社としてスタートしています。明治初期の日本の運輸業は、外国商船が支配していました。それに対抗するために、政府は三菱に、政府保有の大量の船舶を譲渡し、三菱の運輸業を助けたのです。その結果、明治中期には日本国内の運輸業から、外国企業はほとんど駆逐されました。

また明治初期、日本では生糸が主な輸出産品でしたが、生糸を扱う日本の業者は零細なものばかりでした。外国の商社は、最初、高額で生糸を引き取り、それにつられて生糸業者が全国から生糸をかき集めたところで買い控えて、生糸相場を暴落させるようなことをしていました。外国商社は、日本の生糸市場を意のままに操っていたのです。

そういう外国商社のやり方に危機感を抱いた日本政府は、なんとか対抗策を講じようとしてきました。その意思を酌んで江戸の大商人の三井家が大手の貿易会社をつくりました。それが、三井財閥の総本山「三井商事」の始まりなのです。

財閥は、明治政府の保護を受けることによって成長しましたが、帝国議会が開設され、日本社会にある程度、民主制度が採り入れられた後も、政府との癒着は続きました。むしろ、民主制度が採り入れられた後の方が、財閥と政府の癒着は強くなりました。

民主選挙を行う場合、多額の選挙資金がかかるため、政治家や各政党は多くの政治資金を必要とするようになったのです。その結果、政治家が財閥に資金提供を受けることが多くなり、むしろ政党と財閥の結びつきは強くなりました。

昭和初期には、立憲政友会《りっけんせいゆうかい》と立憲民政党《みんせいとう》という2大政党がありましたが、立憲政友会には三井財閥が、立憲民政党には三菱がスポンサーのようになっていました。さらに安田、古河《ふるかわ》、住友などの財閥もそれぞれ政党に資金を提供していたのです。

また財閥と政界による閨閥《けいばつ》も形成されていて、たとえば大正末期に総理大臣になった加《か》藤高明《とうたかあき》は、三菱の岩崎《いわさき》家の娘婿なのです。


財閥は昭和初期になると大変な財力を持つにいたります。

財閥がどれほどの財力を持っていたのかがわかりやすいのが「旧財閥邸」です。

現在、東京には旧財閥家の邸宅が、博物館や記念館などになっているケースが多々あります。たとえば、上野《うえの》公園（東京・台東区《たいとうく》）の中にある都立庭園の「旧岩崎邸」や、東京・北区《きたく》にある都立庭園の「旧古河庭園」などです。

上野公園の「旧岩崎邸」は、東京の一等地に1万6000平方メートルにも及ぶ広さを持つ大邸宅です。外国人が設計した西洋風建築物でビリヤード場まであります。訪れたことがある人は、その広さに驚かれたはずです。

この大邸宅は、岩崎家が所有していた邸宅のほんの一部にすぎません。しかも岩崎家の財産の大半は不動産ではなく株券でした。岩崎家の財力がいかに大きかったかということです。

また昭和2（1927）年度の長者番付では、1位から8位までを三菱、三井の一族で占めていました。岩崎久弥《ひさや》などは430万円もの年収があったのです。大学出の初任給が50円前後、労働者の日給が1～2円のころです。普通の人の1万倍近い収入を得ていたことになります。

現在のサラリーマンの平均年収が500万円前後なので、その1万倍というと500億円になります。

さらに戦前の財閥の場合、一族皆が高収入なのです。図表4からもわかるように、財閥の中枢を一族が占め、それぞれが高い収入を得ています。

財閥家の人々は、今の韓流ドラマに出てくる財閥家のように、夢のようなゴージャスな生活を送っていました。

たとえば、三菱の第4代の総帥である岩崎小弥太《こやた》は、高等師範学校（現在の筑波《つくば》大学）の付属小学校から第一高校、東京帝国大学へと進み、ケンブリッジ大学に留学します。ケンブリッジ大学は最近よくある短期留学ではなく、入学から卒業までしっかり就学しました。ケンブリッジを卒業して帰国した直後、わずか26歳にして従業員10万人を擁する三菱合資会社の副社長に就任するのです。そして37歳で社長になります。

ちなみに現代の韓国の財閥というのは、戦前の日本の財閥を手本にしている部分が多いのです。だから戦前の財閥を調べていくと、今の韓国ドラマを見ているような錯覚に陥ることがあります。

［図表4］昭和2年度の長者番付（単位：万円）

順位	氏名	役職	納税額
1	岩崎久弥	三菱合資社長	430.9
2	三井八郎右衛門	三井合名社長	339.2
3	三井源右衛門	三井合名重役	180.5
4	三井元之助	三井鉱山社長	178.3
5	三井高精	三井銀行等の重役	172.9

出典：旧大蔵省課税関係資料より筆者作成

当時の国民にとって、彼らの存在が面白いはずがありません。

大正デモクラシーや労働運動でも糾弾の対象とされたし、二・二六事件などの若手将校の過激思想でも、目の敵にされました。

安田財閥の創始者安田善次郎《ぜんじろう》は、右翼の活動家に暗殺されていますし、三井財閥の総帥だった団琢磨《だんたくま》は、昭和7（1932）年に血盟団《けつめいだん》のテロで暗殺されています。

財閥も世間の風当たりは察知していて、慈善事業を行ったり、役員の報酬を引き下げたりしました。

しかし、結局、財閥は終戦まで永らえることになります。

「持ち株会社」の資金調達スキームとは？

戦前の財閥の大きな特徴として「持ち株会社」というものがあります。

持ち株会社というのは、何か事業をやっているわけではなく、財閥グループ企業の株を持っているだけの会社です。

戦前の財閥は、たくさんの企業体を管理、コントロールするために、企業体の頂点に持ち株会社をつくっていました。財閥グループの議決権分以上の株を所有し、グループ全体を指揮下に置いたのです。

持ち株会社は財閥グループ内の事業や投資などの総合的な策定をする、いわば「最高司令部」のような存在でした。

この持ち株会社は、当初は節税策としてつくられたものでした。

明治38（1905）年に税法が改正され、それまでほとんど税金がかかっていなかった法人に対して、4・5%から12・5%の累進課税が課せられるようになりました。累進課税というのは所得が多くなるごとに税率が上げられるという制度です。

しかし、当時は株の配当金については、税金は課せられていませんでした。財閥は事業を分社化し、中心に持ち株会社をつくって、グループ全体の利益を配当で持ち株会社に集中するようにしたのです。

そのうち持ち株会社が、財閥グループ全体を指揮したり、資産を管理したりする機関として機能するようになりました。

そして持ち株会社の株は非公開になっていました。ほかのグループ企業の株は公開されていました。市井の投資家たちは、財閥のグループ企業の株を買うことができ、財閥はそうやって資金を調達します。しかし、財閥の中心部分である持ち株会社の株は、ほかの投資家は買うことはできません。経営権は財閥グループから絶対に外には出ないのです。つまり、財閥グループ企業全体に一般からの資

岩崎小弥太

金を流入させることはするけれど、企業の経営権は一般には渡さない、ということです。

そのため財閥は日本経済全体を支配していたにもかかわらず、その経営の中心部分は一族のみによって動かされていたのです。

南満州鉄道はどれくらい収益を上げていたか？

戦前の日本が、戦争の泥沼に入り込んでしまうきっかけに、「満州事変《まんしゅう》」というものがあります。

昭和6（1931）年、親日派だった中国・満州の軍閥の張作霖《ちょうさくりん》が、関東軍《かんとうぐん》の謀略によって殺され、関東軍はそれを中国側のせいにして戦闘に持ち込み、満州を占領して満州国を建国してしまいます。

この満州事変は世界中から非難を浴び、日本は国際的にも孤立していくことになります。

この満州事変、なぜ起きたのか、今ひとつ背景がわかりにくいものがあります。

しかし、実は「南満州鉄道」の経営状態を見ると、満州事変が起きた経緯が非常によくわかってくるのです。

「南満州鉄道」、通称「満鉄《まんてつ》」は、明治39（1906）年に始まります。日露戦争の勝利により、日本は南満州の鉄道建設の権利を獲得します。これは、もともとロシアが中国に強要して保持していた権利を、日本が分捕ったということです。日露戦争後、日本はロシアの権益を引き継いで満州に進出しましたが、その足がかりになったのが、この「満鉄」なのです。

日本がロシアから譲り受けた満鉄路線というのは、東清《とうしん》鉄道の長春《ちょうしゅん》〜大連《だいれん》間と長春以南の支線でした。長春は広大な満州の中心に位置しており、大連は遼東《りょうとう》半島の先っぽです。つまり、満州の中心部から海までの大動脈ともいえる700キロメートルの路線が手に入ったわけです。

この鉄道を経営するために、半官半民でつくられたのが満鉄です。

そして日本は鉄道だけではなく、鉄道付属地も譲り受けました。鉄道付属地とは、鉄道施設がある場所のことですが、実際は都市の行政権をも握ることになりました。

そのため満鉄は「鉄道経営」だけではなく、満鉄の沿線の都市の事実上の行政権も獲得したことになります。鉄道の敷設権と路線沿線の権益を獲得することによって、周囲の地域を支配していくというのは、当時の欧米列強の常套手段だったのです。日本もそれにならって満州を支配しようとしたのです。

この鉄道付属地の中には、豊富な埋蔵量を誇った撫順《ぶじゅん》の炭鉱もありました。また満鉄は後に鞍山《あんざん》で鉄の大鉱脈を発見し、鉄道付属地内に昭和《しょうわ》製鋼所を建設しています。昭和製鋼所は、大正7（1918）年に建設されました。当初は鞍山製鋼所と称していましたが、昭和8（1933）年に昭和製鋼所に改称しています。日本国内の八幡《やはた》製鉄所に次ぐ製鉄量がありました。つまり、日本で2番目の製鉄量を誇る製鉄所だったのです。

さらに日露戦争の講和条件として、日本はロシアから遼東半島の租借権も譲り受けていました。そのため日本は遼東半島と満鉄沿線の都市を入手したことになります。日本は中国の東北地方の広大な範囲の事実上の支配権を得たということです。その要になっていたのが、満鉄なのです。

満鉄については、これまで政治的な分析は数多く行われてきましたが、会計的な視点から論じられることは少ないようです。しかし、物事の本質は実は会計視点にある場合が多いのです。満鉄が実際にどれくらいの収益を上げていたのかを見てみましょう。

満州事変前に、満鉄が最高の収益を上げたのは、昭和3（1928）年のことです。

この年、鉄道部門で7489万円、会社全体で4551万円の収益を上げました。会社全体よりも鉄道部門の方が大きいのは、鉄道部門の収益を、会社のほかの部門に投資していたからです。

当時は、国の歳出が15億円程度、軍事費が4億円ちょっとでした。ということは、満鉄の鉄道部門だけで軍事費の5分の1を稼ぎ出した計算になります。

一鉄道会社が、なぜこれほど大きな収益を稼ぎ出したのでしょうか？

その背景には、当時の産業事情があります。

当時、もっとも有効な交通機関は鉄道でした。道路がまだ整備されておらず、自動車も普及していないので、鉄道の存在は非常に大きいものがありました。

そして日本は南満州において、鉄道の独占権益を持っていました。清朝《しんちょう》政府との覚書《おぼえがき》で、清は満鉄に並行する鉄道をつくれないことになっていたのです。満州という広大な陸地で、主要鉄道の独占営業権を持っていたわけです。

満州は、広大な大地で大豆《だいず》などの穀物を生産していました。また石炭、鉄鉱石などの鉱山も抱えていました。これらの物資輸送を一手に担っていたのが満鉄でした。これで儲からないはずはなかったのです。

南満州鉄道の収益を脅かした張作霖

このように莫大な収益をもたらしていた満鉄ですが、昭和に入ってから雲行きが危うくなってきます。

そして、この満鉄の経営悪化が、満州事変の大きなきっかけとなるのです。

なぜ満鉄の経営が悪化したかというと、その原因は明白です。競合路線が出現したからです。

前述したように、日露戦争の勝利により、日本は満鉄の権益を獲得しました。

しかし、当然ながら中国側としては面白くないわけです。

自国の鉄道の運営権を、他国が持っているのです。相手がロシアであれ、日本であれ、それは同じことです。

しかも鉄道に付随した施設は、日本の所有物になっています。南満州の鉄道というと、中国の物流の基幹です。つまり、中国は自国の大動脈を他国に握られている、というわけです。今の日本で例えるなら、東海道《とうかいどう》新幹線を外国に握られているようなものです。

中国では1912年に清朝が倒れ、孫文《そんぶん》を指導者とする中華民国《ちゅうかみんこく》が建国されました。

この中華民国は、諸外国が中国に保持している権益を回収することを、大きな政治目標としていました。19世紀以来、中国は欧米列強から食い物にされ、様々な権益を奪い取られていました。

それを取り戻そうというわけです。

そして満州でも、日本の満鉄を回収する運動が始まります。

日本としては、もちろん満鉄の権益をおいそれと返すわけにはいきません。ロシアとの死闘でやっと獲得したものであり、これを返還すると、日本中がひっくり返ったような騒ぎになります。

張作霖

当時、満州を支配していた軍閥の張作霖は、最初は親日的な立場をとっていました。しかし、満鉄を返還しない日本に業を煮やし、やがて日本を追い出す運動を始めるのです。

張作霖は、この満鉄の利権を、武力を使わずに奪い取ろうという計画を立てました。

1924年に「東三省交通委員会《とうさんしょう》」（東三省は遼寧《りょうねい》省、吉林《きつりん》省、黒竜江《こくりゅうこう》省を指す）という鉄道会社をつくって、満鉄に並行して走る鉄道の建設を始めたのです。この離反行為に腹を立てた日本は、1928年に張作霖を爆死させてしまいます。

しかし、中国側はひるみませんでした。張作霖の爆死以降、この計画は大幅に拡充されました。

日本は、当初はこの「東三省交通委員会」を静観していました。中国には、まだ鉄道をつくって、運営する技術はないと踏んでいたからです。

案の定、建設当初は中国の鉄道運営技術は低く、「東三省交通委員会」の列車の運行はたびたび遅れました。

しかし、それでも「東三省交通委員会」は、満鉄よりも運賃が安かったのです。また満鉄を利用する業者には高い税金が課せられたり、中国の民衆に抗日的な意識があったりしたことから、「東三省交通委員会」は、満鉄の収益シェアをたちまち奪ってしまいました。

図表5のように、昭和3（1928）年と昭和6（1931）年（満州事変勃発の年）を比較すると、満鉄の収益は全体で約4分の1に激減し、鉄道収益で約35％、港湾収益で約50％も減少しているのです。

ここにきて、日本は大慌てとなりました。

満鉄というのは、日本の大陸進出の要であり、収益の柱でもありました。満鉄の経営が悪化すれば大陸政策そのものが躓《つまず》くことになります。

はじめ日本は中国側に抗議しました。清は、満鉄に並行した路線をつくらないという覚書を交わしていたからです。

しかし、中華民国側はまったく意に介しませんでした。

当時、満州には日本の若者が大勢渡っていました。彼らは、大陸浪人などと呼ばれ、不景気の日本本土で職を得られずに、大陸に渡ってひと旗揚げようともくろんでいたのです。

この大陸浪人たちを中心に、満州の日本人の間で、中国の競合路線建設を糾弾する動きが活発化します。満州各地で決起集会が開かれ、そこに関東軍の幹部も呼ばれることが多かったからです。

[図表5]満州事変前後の南満州鉄道の収益（単位：千円）

年	全体収益	鉄道	港湾
1928	42,553	74,281	2,462
1929	45,506	74,890	3,557
1930	21,673	58,562	1,821
1931	12,559	48,185	1,289
1932	61,288	65,051	3,039

出典：『満鉄を知るための十二章』天野博之、吉川弘文館より著者作成

そして関東軍は、満州在住の日本人の意を酌んだ形で、ついに戦闘を開始します。

それが、昭和6年に勃発した満州事変なのです。

戦前の税金は商店街で一括して払っていた

現在、日本の所得税は、納税者が自分で申告し、納税する「申告納税制度」がとられています。

しかし、戦前の事業者の税金は税務当局が一方的に決める「賦課課税制度」でした。税務当局が「あなたの税金はいくらです」というように通知してきて、納税者はそれを必ず払わなければならなかったのです。

ただ一方的に決めるといっても、いちおうは第三者機関で決めるという形をとっていました。「所得調査委員会」という所得税を決める機関が設置され、ここには納税者の代表も入っていました。この納税者の代表は抽選で決められていたのです。

所得税の決め方の手順としては、まず当人が簡単な所得金高の申告書を出し、それを税務署がチェックした後、所得調査委員会に送られ、そこで課税額が決定することになっていました。

しかし、実態はというと、「○○街の業者は、全部でこれだけ払え」と税務当局からお達しがくるのです。それを街の世話人などが、各業者に振り分けて税金を納めさせるというものです。

今の感覚からはかなり乱暴なやり方のように見えます。しかし、これは江戸時代からの年貢の決め方を踏襲しているのです。江戸時代では、村落ごとに年貢のだいたいの数量が決められ、農民たちはそれを村落全体で負担していたのです。

前近代的なやり方ではありますが、日本人にとってはそれほど無理があるものではなかったのです。むしろ、当時は自分で申告して自分で納めろといわれた方が、戸惑う人が多かったものと思われます。

また当時は、それなりの商いをしている者にしか税金がかかりませんでしたし、税率は10％以下と安かったことなどから、税金を納めることは一種のステイタスでもあったようです（ただし戦時中になると税率は大幅に引き上げられました）。

日本全国1350万戸のうち所得税納税者はわずか5％の74万戸にすぎませんでした。全世帯の平均所得は900円ですが、所得税納税者世帯の平均は3394円もあったのです。だから世話人から課せられた税金を滞納するということはあまりありませんでした。

この制度は、「地域のボス」を生み、民主化を妨げるということで、戦後はＧＨＱ（連合国軍最高司令官総司令部）により廃止されました。

第 7 章

高度成長とバブルの会計事情

▲西武グループが経営し、“バブルの象徴”ともいわれた
苗場プリンスホテル（新潟県南魚沼郡湯沢町）

ＧＨＱが行った財閥の会計調査

戦前には我が世の春を謳歌していた財閥でしたが、敗戦とともに大打撃を食らうことになります。

戦後のＧＨＱの占領政策において、大きな柱のひとつとされたのが「財閥解体」でした。多くの財閥系企業が軍需生産を行っており戦争に協力的だったこと、財閥への富の集中が国民の不満を招き、それが戦争へと向かったことなどから、財閥は「重要戦犯」とされたのです。

ＧＨＱは日本にきた早々から財閥解体に手をつけました。

昭和20（１９４５）年11月、まず三井、三菱、安田、住友の４大財閥の本社と役員およびその家族などの資産を凍結します。そして土地、建物、現金、預金、有価証券などあらゆる財産の処分を禁止しました。彼らは生活費を引き出すのも、政府の許可が必要だったのです。

そして4大財閥を含む14財閥の家族の資産状況を調査しました。

14財閥とは、三井、三菱（岩崎）、住友、安田、川崎《かわさき》、浅野《あさの》、中島《なかじま》、渋沢、古河、大倉、野《の》村《むら》、日窒《にっちつ》（野口《のぐち》）、日産《にっさん》（鮎川《あゆかわ》）、大河内《おおこうち》です。

この14財閥の合計資産は、約16億円です。これは現在の貨幣価値にすれば10兆円近くになると見られます。

また財閥の財産というと、都立庭園の「旧岩崎邸」や、同じく都立庭園の「旧古河庭園」などの大邸宅が有名ですが、実は不動産は財閥の財産の10分の1以下にすぎませんでした。彼らの資産の中心は株券であり、16億円の資産うちの13億円が有価証券だったのです。つまり、有名な大邸宅の数々よりも、はるかに巨額の株券を所有していたのです。

もちろん、この株券の大半は、自家のグループ企業の株です。

［図表6］14財閥一族の資産状況
（昭和21〈1946〉年5月時点）

有価証券（株など）	約13億円
現金および預金	約1億1500万円
不動産	約1億2500万円
動産	約3000万円
その他の資産	約3000万円
合計	約16億円

負債	約3億4000万円
合計	約3億4000万円

出典：『GHQ日本占領史28 財閥解体』細谷正宏・解説、日本図書センターより著者作成

この財閥家が持っている財閥グループの株は、強制的に社会に吐き出させられました。財閥家が所有しているこの巨額の株を強制的に株式市場で売却させます。いきなり没収するということは法律的にも道義的にも難しいので、とりあえずは供出させて「売却」という形をとったのです。

しかし、売却されても、その代金は財閥家には入りませんでした。財閥家が株を売却して得たお金は、財産税によってほとんどが徴収されたのです。財産税というのは、昭和21（1946）年に臨時的に課せられた税金です。この財産税は、一定の資産を持つ人に課せられたもので、最高税率は90％にもなりました。

財閥のほとんどはこの最高税率の90％が課せられました。

財閥家の資産の大半は、この財産税によって失われることになったのです。

また財閥家の者たちは財閥グループが解体された後も、かつての支配企業の役員に就任することが事実上、禁止されました。

そしてGHQは財閥の司令塔といえる「持ち株会社」を禁止しました。持ち株会社は、戦後には、財閥の弊害の象徴とされたのです。

そのため戦後は財閥が解体されるとともに、持ち株会社も独占禁止法によって禁じられました。

このＧＨＱによる持ち株会社禁止はＧＨＱの占領が終了してからも継続され、解禁されたのは平成９（１９９７）年のことです。

最近の日本の持ち株会社は、「〇〇ホールディングス」という名称になることが多く、こういう名称をテレビＣＭなどで聞き覚えがある方も多いはずです。

青色申告制度が創設された不可思議な理由

昭和24（１９４９）年に、アメリカの経済学者のカール・サムナー・シャウプが来日し、『日本税制報告書』を発表しました。これはシャウプ勧告といわれるもので、戦後の日本の税制を形づくるものになりました。

シャウプ勧告では、個人の所得税は「累進課税による申告納税制度にすべし」という提言を行いました。

累進課税というのは、所得が大きくなるほど税率を高くするという制度です。戦前にも累進課税制度はとられていましたが、シャウプ勧告では、より厳格な制度を求めました。

そして申告納税制度というのは、税金を自分で申告し、自分で納税するというものです。それまでのように、税務当局が税金を決定して徴収するのではなく、各個人が能動的に税金を納めることになったのです。

もちろん自分で申告していいとなると少なめに申告する人も出てきます。そのため税務当局は、「税務調査をする権利」「申告内容に明らかな誤りがあるときには、更正（税金を決定）する権利」を持つようになりました。

そして昭和24（1949）年、シャウプ勧告の趣旨を酌んで「青色申告」という制度がつくられました。

この青色申告制度は、東京・目黒《めぐろ》区の洋品店の店主が始めた「経営ガラス張り運動」が発端ともいわれています。「経営ガラス張り運動」というのは、要は真面目にきちんと申告しましょう、という運動です。税務当局は、この運動を広げたいと考え、青色申告という制度をつくったのです。

青色申告というのは、「きちんと帳簿をつける見返りとして、若干の税金割引をします」という制度です。

一定の要件を満たした納税者が、自分で「青色申告を選択します」という届け出を出して、税務署からそれが認められた場合に可能となる申告方法です。申告書が青いので、青色申告という名称になっています。

一方、青色申告ではない申告のことは白色申告と呼ばれます。本当は白色申告という呼び名はないのですが、申告書が白なのでそう呼ばれているのです。

この青色申告の制度、よく考えればおかしな話だと思いませんか？

シャウプ勧告では、申告納税制度をとったのですから、事業者は、自分できちんと帳簿をつけて申告するのは当然のことです。ところが、当然のことをすれば恩恵を受けられるということになっているのです。

ここには日本社会の会計事情が大きく関係していました。

申告納税制度が採り入れられても、日本の事業者のほとんどは、中小の零細企業です。彼らは、税務申告のために記帳などは、ほとんどできなかったのです。そのため申告納税制度となっても、まともな申告はほとんどありませんでした。

税務当局も、さすがにこのままではまずい、と思いました。全国の事業者が経理をきっちり行い自分で申告を行えるようにするにはどうすればいいかを検討し、その結果、青色申告制度が導入されたのです。

今でも日本の事業者がきちんと帳簿をつけているわけではありません。青色申告を選択していない事業者もたくさんいます。

また確定申告の時期になると、税務署では「申告相談所」を設置して申告の相談を行っています。そして決算書や申告書の作成を税務署員が手助けしています。これも本来は税務署がすべきではないことなのです。納税者は、せっかく自分で申告して納税する権利を持っているのですから、わざわざ税務当局に委ねることはないはずです。自分で申告し納税することは、権利であると同時に義務でもあるので、税務署側もそれを手伝う理由はないのです。

しかし、税務署は戦後から現在まで、ずっとこの申告相談を続けています。もしこの申告相談をやめてしまえば、申告しなくなる個人事業者がたくさん出ると見られているからなのです。

高度成長を支えた経済学者の会計力

昭和35（1960）年に池田勇人《いけだはやと》総理によって発表された所得倍増計画。10年間に国民所得を26兆円に倍増させることを目標にしたこの経済計画は、日本の高度経済成長を象徴するものです。

しかし、実はこの所得倍増計画が発表された当初、経済学者、有識者の中には「何をバカげたことを」というような意見も多かったのです。戦争に負けて、大きなダメージを受けた貧しい日本が、そんな奇跡のような経済成長ができるわけはない、というわけです。

しかし、そういう懸念をよそに、その後の日本経済は予想以上に成長し、国民所得は7年で倍増に達しました。

この所得倍増計画を立てたのは、下村治《しもむらおさむ》という元大蔵省官僚の経済学者です。

池田勇人

昭和30年代前半の日本社会というのは、戦後の民主化による市民運動、労働運動がもっとも激しいときです。国民世論やマスコミも、「企業や資本家」を吊《つ》るし上げるという方向に行きがちでした。経済学者たちも「経済成長」よりも、いかにブルジョアジーから労働者にお金を回すか、ということばかりに気をとられていました。

しかし、下村は、

「現在の日本は、上から下まで皆、貧しい。企業や資本家も、そんなにお金を持っていない」

「だが、優秀な人材はたくさんいるのだから、復興さえできれば、大きな経済成長が見込める」

という考え方を持っていたのです。

前述したように財閥解体や富裕税により、日本にはそれほど顕著な貧富の格差はなくなっていました。

また日本には相当の産業設備が残っていました。

日本は太平洋《たいへいよう》戦争でのアメリカ軍の空襲により、国土のほとんどを焼け野原にされたイメージを持っています。しかし、焼け野原にされたのは都心の一部だけであり、産業力自体はそれほど戦災の被害を受けていなかったのです。

たとえば、日本は鋼材の生産設備は、敗戦時にも戦前の水準である約１１００万トンの生産能力がありました。ＧＨＱは当初、この鋼材生産設備のうち９００万トン分をアジア諸国に移設して戦争賠償に充てるという計画を立てていたほどでした。この計画は、東西冷戦開始でアメリカが日本の工業力を必要とするようになったために立ち消えになりましたが……。

下村は、日本の優秀な人材と残存している産業設備を使えば、急激な経済成長が可能だと踏んだのです。

そして「所得倍増計画」を立案しました。

池田や下村が卓見だったのは、経済を成長させる上で、「所得」というものを第一のターゲットにしたことです。

「国民の収入が増えれば、経済はよくなる」

という、非常に単純ではありますが、なかなか行き着きにくいテーマに、本気で取り組んだことです。

確かに「所得」をターゲットにしたのは、的を射ています。

国民の収入が増えれば、消費も増えます。消費の拡大がまた経済成長につながるのです。つまり、まず所得を増やし、それを牽引車《けんいんしゃ》にして、経済を成長させる、という考え方です。そして国民の所得が増えれば、労使の対立も自然に収まっていくというわけです。

実際に、その後の日本は、所得が増えることで消費が増え、それがさらなる経済成長をもたらすという好循環の時代を迎えます。また、あれほど激しく対立した労使も、国民の所得が増えていくとともに、次第に対立しなくなっていきました。

しかし、この日本経済の「所得中心主義」はバブルの崩壊とともに消え去ってしまいます。詳細は後述しますが、バブル崩壊後の日本経済は、国民の所得よりも株主の利益を優先するようになり、長い長い低迷期を迎えることになるのです。

田中角栄が駆使した会計力

田中角栄《たなかかくえい》というと、闇将軍、金権政治……。

実は角栄は、会計の達人だったのです。

角栄は裸一貫で身を起こし、日本の総理大臣にまで上り詰めました。おそらく巨額の政治資金が必要だったでしょう。

当たり前にやっていたのでは大きなお金はつくれません。当時、日本では、お金をたくさん稼いでも、たくさんの税金をとられてしまうようになっていましたから。

そのため角栄は、脱税の一歩手前か、脱税に半歩踏み込んだような巧妙な節税策を使って、政治資金をつくっていたのです。

彼は日本の会計や税法を熟知していました。

政治家というのは、表にできない「危ない金」が必ずといっていいほどあります。

角栄は、「危ない金」の取り扱いについて、常にひとつの哲学を貫いてきました。

「危ない金は現金で受け取り、現金で保管する」

ということです。

これは徴税システムの欠陥をとても突いているものです。

田中角栄（首相官邸）

収入には税金がかかります。しかし、収入を税務当局に把握されなければ、税金はかかってきません。

「日本は申告納税制度の国なのだから、税務当局から把握されようがされまいが、きちんと税金は納めるべきじゃないか」

と思う人もいるでしょう。

もちろん建前はそうです。

でも現実は、建前どおりにはいかないのです。

現金で収入が入り、かつ領収書の発行をしない業種は、税務署から収入が把握されにくいものです。これらの業種、パチンコ店や飲食店などは、脱税が非常に多いのです。これは今に始まったことではありません。日本が申告納税制度を採り入れた戦後間もなくから、ずっと続いている傾向です。

サラリーマンの税金が逃れようがないのは、サラリーマンの税金は税務当局にほぼ完全に把握されているからなのです。

税務当局にわからないようにして金を手に入れられれば税金はかかってこない。税金というのは今でもそういう原始的な仕組みになっています。

小切手や銀行振り込みでお金を受け取れば、金融機関に記録が残ります。税務当局がそれを発見すれば、簡単に課税されてしまいます。

しかし、誰も見ていないところで現金をもらい、誰も知らないところに隠してしまえば、税務当局は課税のしようがありません。税務当局が隠し場所を見つけるまでは、税金はからないのです。

角栄はロッキード事件では、5億円ものお金を現金で受け取ったそうです（角栄自身は最後までこれを否認していますが）。

5億円のお金を現金で受け取るのは、簡単なことではありません。渡す方も、もらう方も、相当な工夫と苦労をしなければなりません。それができたために、角栄は我が身を救ってきたのです。

たとえば、金丸信《かねまるしん》元代議士は、裏献金を割引債で持っていました。それが国税当局に見つかり、脱税で逮捕されるという晩年を送りました。

また自民党の橋本《はしもと》派（平成研究会、現在の竹下《たけした》派）は、日本歯科医師会からの裏献金を小切手で受け取っていたために、政治資金規正法違反に問われました。その結果、橋本派は没落しました。

角栄は、5億円の賄賂を現金でもらっていたので、脱税として起訴はされませんでした（単なる課税漏れでの処理）。

脱税というのは、ごまかして得た収入を自分の財産にしたときに初めて確定します。角栄の場合は、収入をごまかしていることはわかっても、それを自分の財産にしたかどうかは、わかりませんでした。

「もらった金がどこに行ったかわからない」状態では、脱税での立件は無理だったのです。

田中角栄の幽霊会社を使った〝脱〟税

脱税摘発のニュースでは、時々「幽霊会社」や「ペーパーカンパニー」という言葉が出てきます。

「幽霊会社」といっても、もちろん幽霊が経営している会社ではありません。実体のない会社ということです。

こういう会社は脱税によく使われます。

「幽霊会社」や「ペーパーカンパニー」を脱税に使う手法のはしりは、実は角栄でした。

でも角栄は脱税で摘発はされていません。幽霊会社を使って、見事に税金を逃れることに成功しているのです。

幽霊会社を使った〝脱〟税方法というのは、大まかにいえば次のようなものです。

大きな利益を上げた会社Aがあったとします。Aはこのままでは、莫大な税金を払う羽目になります。そこで登記上にだけ存在する会社B（幽霊会社）をどこからか持ってきて、A社の利益をB社に移転させます。

B社には帳簿上では赤字が残っています。B社は、利益を移転されても税金はかからないのです。ということで、A社もB社も税金を払わなくて済む。これが幽霊会社を使った〝脱〟税の構図です。

もちろん本当はA社の利益なのにB社の利益に見せかけるのですから、不自然が生じます。B社には実体がないのにB社が利益を上げるのはおかしいということになります。国税当局もバカではないので見過ごしたりしません。だから幽霊会社を使った脱税はけっこう簡単にばれるのです。

でも角栄は、そうではありませんでした。

昭和54（1979）年春のことです。

角栄は、ファミリー企業をたくさん持っていて不動産業などを大々的にやっておりました。ファミリー企業のひとつに、遊園地の経営などをしている「新潟遊園」というのがありました。

この新潟遊園が所有地の一部を宅地化する計画を打ち出したのですが、それを知った新潟市役所は、その土地を買収して市立公園にするように決めました。

昭和56（1981）年に新潟市役所から新潟遊園に9億円が支払われました。しかし、このときの新潟遊園は、元の新潟遊園ではありませんでした。東京ニューハウスという会社に合併されていたのです。

東京ニューハウスは、新潟遊園を合併した後に新潟遊園に社名変更をしていたのです。同じ新潟遊園という社名ながら、会社は違うものになっていました。

新潟市役所はそれを知らずに、前のままの新潟遊園だと思って、そのまま土地の代金を渡しました。

新しい新潟遊園には4億円の赤字が残っており、土地の売却で得た利益はその赤字で丸々消えてしまいました。

古い新潟遊園には赤字などなかったために、本来であれば数億円の税金がかかっていたはずです。

それを角栄は、登記の操作だけで税金をゼロにしてしまったのです。

また角栄は自身も会計、税金に詳しかったのですが、さらに優秀なブレーン税理士たちも抱えていました。

その優秀なブレーンたちは、角栄の死後も、目覚ましい働きをしました。

角栄が死んだとき、相続税対策はほぼ完璧になされていました。

角栄の死亡時、莫大な遺産のほとんどは、角栄ファミリー企業の株という形で残されました。角栄の代名詞ともいえる「目白《めじろ》御殿」（東京・豊島《としま》区）や別荘なども、ほとんどが、角栄が直接所有しているのではなく、角栄の会社が所有していることになっていたのです。

これは、相続税対策として大きなポイントです。

相続税というのは、「残された遺産×税率」で算出されるものです。

しかし、遺産は、すべて時価で評価されるというわけではありません。

遺産が現金や預金だった場合は、その額がそのまま遺産額となります。しかし、土地や建物、自社株などだった場合は、時価よりもかなり低い価額になることが多いのです。

角栄の資産は、400億円以上あるとされていました。角栄のファミリー企業が、所有している土地の評価額だけでも、それだけの資産価値があったのです。

しかし、田中家の遺族が納めた相続税は65億円です。

当時、相続税の税率は70％だったので、普通に考えれば、400億円の相続財産には300億円程度の相続税がかかります。それを田中家は65億円に抑え込んだのです。

西武グループの中核「コクド」の決算書の謎

日本の高度成長、バブルを象徴する企業として、西武グループがあります。

西武グループは、大正時代の神奈川県箱根《はこね》の不動産開発が始まりです。その後、東京西部の多摩《たま》方面を住宅地として開発したり、別荘地として長野県軽井沢《かるいざわ》を開発したり、西武鉄道の前身である武蔵野鉄道を買収するなどして、大企業グループに発展しました。

高度成長期からバブル期にかけては日本全国の土地を開発しています。

西武グループの総帥だった堤義明《つつみよしあき》氏は、アメリカ・フォーブス誌の世界長者番付で6回も1位になるなど世界的な大富豪でした。

この西武グループは、ちょっと特異な企業形態を持っていました。

グループ企業である西武鉄道などは上場しているのですが、グループの中核企業である「コクド」は非上場企業でした。戦前の財閥の持ち株会社のような仕組みです。持ち株会社と違うところは、「コクド」は実業もちゃんと行っていたことです。戦前の財閥の持ち株会社は、グループ内の各企業の株を管理所有しているだけで事業をしていませんでしたが、コクドは不動産事業を行いつつ、西武グループ各社の株を持っていたのです。だから戦後に持ち株会社が禁止されても存在しえたのです。

またコクドは、西武グループ各社の株を所有していたものの、その所有割合は巧妙に操作していました。西武鉄道などは、上場基準をクリアして、株式市場に公開されていたのです。

コクドが非上場企業ということは、決算書を公表しなくていいということになります。だから、この世界的な企業グループである西武グループの会計状況については、事実上、闇に包まれていたのです。つまり、西武グループは株式市場から多額の資金を調達していながら、その中核企業のコクドの経営状況は門外不出になっていたのです。

しかもコクドの決算書は、非常に巧妙な仕掛けが施されていました。

非常に儲かっているはずなのに、ほとんど納税額が出ない、つまり利益を出さないのです。会計関係者の間では、伝説的ともいえるほどコクドは税金を払わない会社として有名でした。

コクドの最盛期、堤氏はインタビューで「なぜコクドは税金を払っていないのか？」と聞かれたことがあります。堤氏は「税金を払っていないのは、利益が出ていないだけ。やりたい事業が山ほどあって目いっぱい仕事を広げているので、税金を納める余裕がない」と答えていました。

しかし、この答えにはかなり無理があります。

会計ルールでは、事業に投資したお金は、一括で経費となるわけではありません。土地の場合は、費用ではなく資産に計上しなければならないし、建物を建てた場合は、耐用年数に応じて、費用化していくことになります。

たとえば、100億円の利益が出たとき、100億円で土地と建物を買っても、差し引きゼロには絶対にならないのです。せいぜい20億〜30億円しか経費にはできません。だから70億〜80億円が利益として残ります。その利益には、当然、税金が課せられるはずなのです。

だからコクドが儲けた金を片っ端から投資につぎ込んだとしても、税金は発生していたはずなのです。

それにもかかわらず、なぜコクドは税金を払わずに済んだのでしょうか?

コクドというのは、非上場企業だったので、決算書が表に出ることがありませんでしたが、筆者はある研究者から決算書を見せていただいたことがあります。

コクドの決算書を見ると、とても面白いことがわかりました。

コクドは営業利益が多い年には、支払い利子が大きくなって、その利益を相殺するようになっていたのです。

コクドというのは、不動産投資を業としているので、多額の借り入れがあります。この借入金に面白い変化があったのです。

借入金には、長期借入金と短期借入金があります。

コクドは、借入金の総額はそう大きく変化しないのですが、長期借入金と短期借入金の額は毎年毎年、大きく変動するのです。

これを見ると、ある仮説が立てられます。

コクドは、収益が上がった年には、短期借入金を長期借入金に移し替えていたのではないか、ということです。短期借入金よりも、長期借入金の方が、利子は高いものです。つまり、短期借入金と長期借入金の額を調整することによって支払い利子の額を増減させ、利益を帳消しにしていたのではないか、ということです。

おそらくコクドは銀行と示し合わせて、長期借入金と短期借入金の額を調整していたものと考えられます。

コクドは、土地を担保にして銀行から多額の借り入れをしてきました。当然、銀行にとっては超お得意様です。だから銀行に対して多少の無理は利いたはずです。

「借入金を長期にするか、短期にするか」や、「支払い利子の額」などは、企業と銀行の間で決められることなので、増減しても別に違法ではありません。

ただ「普通の会計処理」をしていたわけではないことは確かです。というより、普通ではありえない方法を使って利益を自由自在に操っていたのです。

また堤氏は政界ともつながりがありましたので、国税庁の方もこの点について深く追及はできませんでした。

しかし、この西武王国は平成18（2006）年にあっけなく崩壊します。

堤会長が有価証券取引法違反で逮捕されたのです。

コクドは、西武鉄道の株式の保有割合を実際よりも22％少なく申告していました。株式の上場の条件として、「株主の上位10位以内での株保有割合が80％以下」というものがあります。コクドが事実どおりに申告していれば、この条件を満たせなくなるために、株主の名義を偽装するなどして、保有割合が少なくなるような工作をしていたのです。

総帥である堤氏の逮捕により、コクドは解散し、西武グループは解体されました。現在もプリンスホテルや西武鉄道、西武百貨店は残っていますが、堤家の一元支配は解消されています。

なぜバブルが起きたのか？

高度成長期が終わり、オイルショックから立ち直った後、日本は狂乱のバブル時代を迎えます。

「一万円札を振ってタクシーを止めようとした」

という、あの時代です。

そもそも、なぜ日本でバブルが起きたのでしょうか？

当時の日本は、貿易で途方もない金を稼いでいました。

それにもかかわらず、そのお金の多くは国民の消費に回らず、企業や金融機関に蓄積されていました。

その一方で、日本では、戦後一貫して土地の値段は上がり続けていました。

貿易などで巨額の金を稼いでいた日本の企業たちは、その使い道として、とりあえず土地を買っておくというようなことが行われていました。

それが、また土地の価格を引き上げることになったのです。

土地の価格が上がれば企業の資産価値は上がり、労せずして収益を得ることができます。

やがて、それがビジネス・スキームになっていきました。

そういうスキームができあがっていたため、それを目指してまた多くの企業が土地を買い求めることになりました。

土地の価格が上がれば、担保価値も上がるので、銀行はさらに多額の融資をします。

そのため日本企業は、莫大な資金力を有することになりました。その金が、一部は株式に投じられ、日本株の高騰を招きました。

また日本の企業や金融機関は、その巨大なマネーで、世界各地の不動産を買いあさったり、外国有名企業の買収を始めたりしました。

その最大の「被害者」はアメリカでした。

1986年には三井不動産がアメリカのエクソンビルを購入、1989年には三菱地所が、ロックフェラー・センターを購入しました。

ロックフェラー・センターというのは、ニューヨーク・マンハッタンの中心部の約8万平方メートルの敷地に、19の商業ビルを隣接させた複合施設です。ざっくりいうと東京ドーム2個分の土地に、高層ビルを19個建てているということです。

しかも、いちばん高いGEビルディング（現コムキャスト・ビルディング）は、70階建てで、高さ259メートルという超高層ビルです。

アメリカの大企業家であるロックフェラーが、その財力によって1930年から建設を始めたものであり、アメリカの豊かさを象徴する建造物群でした。

このロックフェラー・センターが日本の企業に買収されたのです。それもたったひとつの企業に、です。

これはアメリカ人にとってかなりのショックでした。

日本でいうなら、東京駅付近のビル群（丸《まる》の内《うち》ビルディングを含む）を、外国の一企業に買収されたようなものでしょう。

いや、それ以上の心理的ダメージがあったかもしれません。


また同じ1989年には、ソニーが映画会社の「コロンビア映画」を買収しました。

コロンビア映画は、「戦場にかける橋」「アラビアのロレンス」「スタンド・バイ・ミー」などを製作した、アメリカを代表する映画会社です。

映画産業というのは、アメリカの主要産業のひとつですが、アメリカ映画のビッグ6と呼ばれる大映画会社がありました。その6つの中にコロンビア映画は入っていたのです。

ちなみにアメリカ映画会社のビッグ6というのは、「パラマウント」「ワーナー・ブラザース」「20世紀フォックス」（ウォルト・ディズニー・スタジオに買収）「ユニバーサル」「ディズニー」「コロンビア」（現ソニー・ピクチャーズ）です。

このコロンビア映画の買収も、アメリカ国民に大きな衝撃を与えました。

誰もが知っている「映画」という分野での買収劇は、経済のことはあまりわからない人々にも理解できたため、多くのアメリカ国民が日本に反発を覚えたのです。

ちなみにロックフェラー・センターは、買収後に赤字運営が続いたために、三菱地所がつくっていた現地法人は破産し、ビル群のほとんどを手放しました。現在、三菱地所が所有しているのは、19個のビルのうちの二つだけです。コロンビア映画の方は、今もソニー系列の企業となっています。

なぜバブルがはじけたのか？

日本の1980年代のバブルというのは経済的に不自然な状態であり、特定の原因がなくても、いつかははじけていたと思われます。

しかし、平成3（1991）年から起こったバブル崩壊の直接の原因をあえて探すとすれば、「日米構造会議」に行き着きます。

アメリカは、1970年代以降、貿易赤字が常態化して、赤字額の累積に苦しんでいました。

その最大の原因は日本でした。

アメリカの貿易赤字の7割を日本が占めていたこともあり、1987年には対日貿易赤字は600億ドル近く（当時の日本円で10兆円前後）に達していたのです。

このまま貿易赤字が累積すれば、アメリカ経済は破綻してしまうかもしれない。そう考えたアメリカは、「最大の貿易赤字相手国である日本をどうにかしよう」ということになりました。

そこで、アメリカは「日米構造協議」という会議を日本に働きかけました。

日米構造協議というのは、「日本の巨額の対米貿易黒字（アメリカから見れば対日貿易赤字）を縮小するために、日本とアメリカで、お互い相手に是正すべき点などを指摘し合う」という目的で始められたものです。

平成元（1989）年にジョージ・ハーバート・ウォーカー・ブッシュ（父）大統領から宇野宗佑《うのそうすけ》総理に働きかけて開始され、平成4（1992）年までの間に、5回会議が行われました。

この日米構造会議では、日本の土地問題も主要な議題として挙がりました。

前述したように、当時は数多くのアメリカの不動産や有名企業が、日本企業に買収されていました。それは日本の地価高騰の影響が大きかったのです。

日本の大企業の多くは、土地を持っていました。そして日本の土地が高騰しているために、土地を保有している企業の担保価値が上がります。つまり、地価高騰のために日本の企業の含み益が急激に膨らんでいたのです。

しかも税務会計の上では、土地の含み益には税金はかかりません。日本の大企業たちは、莫大な土地の含み益を無税で企業内部にため込むことになります。

そのため銀行は企業にいくらでもお金を貸すという状態になっていたのです。

日本企業は、その潤沢な資金を用いて、アメリカなどにも積極的に投資していました。ロックフェラー・センターが、三菱に買収されたことは、すでに述べましたが、ほかにも日本企業によるアメリカ企業の買収合併などが相次ぎました。

どうにかして、日本の土地の高騰を抑えなければ、アメリカの重要な土地や企業が、日本企業に買い占められてしまうのではないか。

アメリカはそういう危惧さえ持ち始めていたのです。

そのためアメリカは、日本の土地高騰を抑えようと、主に次のような要求をしました。

◎土地保有税を引き上げること
◎都心部の農地を宅地並みに課税すること

この要求の意味をざっくりいうと、次のようなことです。

日本の固定資産税は、先進国に比べて税率が低いので、土地を保有するときの経費が低くて済む。そのため企業は土地を保有したがる。これを防ぐために土地保有税（固定資産税）を引き上げて、企業が土地を持つメリットを減じさせようということです。

そして日本では、農地にかかる税金が著しく低いのですが、都心部の農地も同様に低率の税金となっていました。そのため都心部に農地を持つ人は、なかなか土地を手放さない、という状況が生まれていました。

ただでさえ、日本は土地が少ないのです。そんな中で、都心部の農地がなかなか開発されないとなると、都心部で使用できる土地が限られるために、必然的に土地の価格が高くなります。

都心部の農地を、宅地と同様に課税すれば、農地を手放す人が増え、都心部の土地不足が解消するはず。

アメリカの要求には、そういう狙いがありました。

アメリカの狙いは、決して的をはずしたものではありませんでした。

固定資産税が先進国に比べて低すぎるのも、都心部に多くの農地が残っているのも、日本の政治にとって長年の懸案事項でもあったからです。

しかし、都心部の地主の多くは、政権与党の支持母体となっていたので、政権側はなかなかこの問題に手をつけられずにいたのです。

アメリカはそれを見通した上で、日本に土地改革を迫ったわけです。


このアメリカの要求に対し、日本はどう応えたかというと、非常に中途半端な土地改革をしたのです。

「本質は変えないが、アメリカの顔は立てた」

という施策を行ったのです。

この中途半端な土地改革が、バブルの崩壊を招き、その後の長い日本経済低迷期を招くことになるのです。

日本政府がやったことを具体的にいうと、土地高騰を防ぐために、日本銀行が融資の「総量規制」というものを行ったのです。

「銀行が企業に多額の融資をするから、土地が高騰するわけだから、銀行が企業に貸すお金を制限しよう」

ということです。

固定資産税の改革や、都心部農地の税制改革などには手をつけず、とりあえず、その場しのぎの土地高騰抑制策を行ったのです。

その結果、バブルだけがはじけました。

このバブル崩壊により、日本は、大不況に見舞われた上、都心部の土地不足の問題などは改善されませんでした。つまり、「怪我《けが》をしただけ」だったのです。

バブル崩壊後に頻発した粉飾決算

バブル崩壊というのは、政府の定義では平成3（1991）年3月から平成5（1993）年10月までとなっています。

しかし、バブル崩壊の象徴的な出来事である「山一證券《やまいちしょうけん》の破綻」は平成9（1997）年11月に起きていますので、「バブル崩壊」という現象は平成3年から6年以上にわたってダラダラと続いていたことになります。

日本のバブル崩壊のダラダラ具合は、リーマン・ショックと比べればわかりやすいでしょう。リーマン・ショックは、アメリカ第4位の投資銀行であるリーマン・ブラザーズが破綻し、世界経済に大きな影響を与えましたが、その影響は2～3年で収束しました。なぜ日本のバブル崩壊がダラダラと続いたのかというと、ひとつには危ない企業が粉飾決算を続けることで、無理に延命していたということがあります。

バブル崩壊時によく使われていた粉飾決算の手段として、「飛ばし」と「連結逃れ」というものもあります。

「飛ばし」というのは不良債権を抱えた会社が、子会社などにその不良債権を押しつけるというものです。

たとえば、ある会社が、もう回収される見込みがない債権を持っていたとします。その債権を帳簿どおりの価格で、子会社に押しつけるのです。親会社としては、とりあえずこれで不良債権は片づいたことになります。

山一證券などもこの手法を使って粉飾を行っていました。

さらに「連結はずし」というのは、なんらかの工作をしてその子会社を連結決算からはずす、という手法です。

この手法をとれば、自社が保有している不良債権を巧妙に隠すことができます。

たとえば、A社の子会社にB社があったとします。

A社は、1億円の不良債権を抱えていましたが、これをB社に1億円で買い取らせました。つまり、A社の不良債権をB社に肩代わりさせたわけです。

A社はB社の株を半分以上所有していましたが、持ち株の大半を別の関係会社に移しました。A社とB社とは、直接の資本関係はなくなったので、A社は連結決算からB社をはずすことができたのです。

B社はA社の連結決算には載っていないので、A社の決算書上は、不良債権は消えてしまうことになります。

たとえば、平成9年7月に倒産した建設業の東海興業《とうかいこうぎょう》では、巧妙な連結はずしをしていました。

東海興業とその子会社は、事実上の資本関係があったのですが、表面上はそれが出ていませんでした。というのも、東海興業は、その子会社に直接の融資はしていませんでした。

東海興業は、その子会社に対して信用保証をし、その子会社は銀行からお金を借りていたのです。

直接の融資ではなく単なる信用保証では、法的には「子会社」にはならないので、連結からはずすことができます。そのため、この子会社に、東海興業の不良債権をかぶせ、連結からはずすという粉飾をしてきたのです。

これはれっきとした粉飾決算であり、違法なのですが、現在もこの手の粉飾決算を行う企業はけっこうあります。しかも昨今ではより巧妙化しています。

このほかの連結はずしの手法には、投資事業組合や匿名組合などを利用するというものもあります。投資事業組合というのは、投資のための資金を出し合って組合をつくり、その組合が投資を行う、という形態になっています。匿名組合というのは、匿名で出資して組合をつくり、その組合がなんらかの事業を行うというものです。

投資事業組合や匿名組合は、企業ではありません。

したがって、子会社として連結決算を組まなくてもいいのです。それを利用して、表向きは投資事業組合や匿名組合だけれど、実質は子会社という組織をつくるのです。ライブドアや平成電電の粉飾では、この手法が使われています。

第8章

平成“失われた30年間”の会計内容

▲竹中平蔵氏は日本経済をどこへ導こうとしているのか？
（2008年9月27日、世界経済フォーラム夏季総会にて）
Wikipedia (CC BY-SA 2.0) World Economic Forum

会計ビッグバンが日本経済にもたらした影響

1990年代から2000年代にかけて、会計ビッグバンと呼ばれる「会計制度の大改革」が行われました。

具体的にいえば、企業グループの連結決算の方法が厳密になり、また「時価主義」の徹底が図られるようになりました。

それまで日本では本社と子会社の関係が曖昧な部分があったのです。

本社に赤字が出ても、子会社にその赤字をつけることで、本社の決算を黒字にするというような方法がとられることもありました。

さらに逆に、経営が悪化した子会社を、連結決算からはずすことにより、グループ全体の収益をよく見せるというようなことも行われていました。

そういうことが「会計ビッグバン」によってできにくくなったのです。

時価会計も徹底されるようになりました。

企業が保有する土地建物などの固定資産は、価値が下がった場合は、決算に反映させなくてはならなくなったのです。それまでは、土地や建物の価値が下がっても、取得価額を決算書に載せていたので、企業の収益には反映されていませんでした。それがバブル崩壊後の「不良資産の隠蔽」につながったのです。

それを防ぐために、土地や建物の価値が下がった場合には、決算で特別損失として計上しなくてはならなくなったのです。

この会計ビッグバンは、日本企業のそれまでの弱点や、古い体質を改めることになりました。

その一方で、株主、投資家の利益ばかりを優先するような改正も行われました。

かつて企業の配当金は、その決算があった当期に黒字でなければ出せませんでした。それが平成15（2003）年の商法改正によって、当期の利益が赤字であったとしても、過去の利益を積み立てた剰余金を取り崩して配当金として支払っても構わないことになりました。

これによって収益が赤字となり、社員の削減などのリストラを行っている企業が配当金を出すというようなことも生じるようになったのです。

会計ビッグバンの思想は、その後の日本経済を「株主優先主義」に誘導することにもなりました。

2000年代初頭、日本の会計史に大きな影響を与える人物が突如、登場します。影響を与えたといっても、決していい方向ではありません。

その人物とは、竹中平蔵《たけなかへいぞう》氏です。

竹中氏とは、ご存じのとおり小泉純一郎《こいずみじゅんいちろう》内閣の経済政策を一手に引き受けていた元総務大臣です。

彼は、小泉内閣成立直後に書いた『竹中教授のみんなの経済学』（幻冬舎《げんとうしゃ》）で、こういう趣旨のことを述べています。

「日本は労働分配率が高い。だから経済成長が止まっているのだ」

労働分配率とは、簡単にいえば、サラリーマンの給料のことです。会社が社員に高い給料を払っているので、日本の経済が駄目になったというのです。

さらに彼はこういう趣旨のこともいっています。

「労働分配率を下げれば、家計は苦しくなる。でもその分を投資で儲ければ補える」

会社は給料を下げなさい、そして家庭は給料が下がった分は株で儲けて補いなさい、ということなのです。

竹中氏は日本の経済をその持論どおりに誘導していったのです。

法人税率は20％以上引き下げられ、高額所得者の税率は30％近く引き下げられました。

しかも投資家の税金は本来の半分の10％に免除されました。また特定の期間に株の売買をした場合、税金をかけない、という時限立法をつくりました。つまり、投資家は一定期間、所得税を免税されたのです。

これによって、ライブドアや村上《むらかみ》ファンドなどが台頭し、堀江貴文《ほりえたかふみ》氏などはフジテレビ騒動で何百億円も稼いだのに、税金はわずか10％という現象も生じました。

その一方で、企業は国の支持を背景にして、賃金を抑え込みました。裁量労働制の拡充でサービス残業が蔓延し、労働者派遣法の緩和で派遣労働者が爆発的に増えたのです。

詳細は後述しますが、日本はこの20年の間に先進国でほぼ唯一、賃金が下がった国になっています。ほかの先進国はほとんどが50％以上、中には100％近く賃金が上がった国もありますが、日本だけは賃金が下がっているのです。

その最大の要因は、この竹中氏の経済政策にあるといえるのです。

この竹中氏の労働分配率だけを抽出して日本経済を分析するやり方は、明らかに偏ったものの見方だといえます。

そもそも日本の企業というのは、労働分配率というよりも「利益率自体」が欧米の企業よりも低かったのです。高度経済成長以来の日本企業というのは、ざっくりいえば、欧米よりも安いものを大量に売るというビジネスモデルを持っていました。つまり、薄利多売です。だからビジネスモデル自体に、利益率が高くなれない要因があったのです。

そして薄利多売系のビジネスモデルでは、どうしても利益における人件費の割合というのは高くなります。

だから日本の企業は、欧米企業に比べて、労働分配率が高いように見えたのです。

でも少し会計的に分析すれば、利益率自体が低かったということが容易にわかるはずだったのです。

また竹中氏は、もうひとつ重大な誤りを犯していました。

それは「日本の労使関係というのは、欧米に比べてまだまったく成熟していない」ということです。

日本人の賃金は欧米に比べてまだ安く、バブル期であっても欧米には届いていませんでした。そして労働者の権利が欧米ほどきちんと守られておらず、サービス残業や長時間労働は当たり前でした。現在でも、日本はサービス残業や長時間労働などでは、世界最悪のレベルなのです。

そういう日本の労使関係において、国が企業に対して「賃金を下げてもいい」という方針を打ち出せば、賃金の低下に歯止めがかからなくなることは目に見えていました。欧米なら労働者の権利が厳重に守られていますので、企業の論理だけで賃金を下げることはできません。欧米は厳しい競争社会のように見えますが、国民や労働者の権利は、何よりも大事にされてきました。

あの自由の国のアメリカでさえ、日本の中央銀行にあたるＦＲＢ（連邦準備制度理事会）に「雇用を守る義務」を課しているほどです。つまり、失業が増えないように、ＦＲＢが努力する義務を負っているのです。

またアメリカの株式市場では、労働環境が悪化したり、労働者の賃金が下がったりすれば、株価が下がる傾向にあります。労働者の生活が守られないと、景気はよくならないという意識が、産業界全体に浸透しているからです。

そういう欧米の「雇用を大事にする文化」「労働者の生活を大事にする文化」には、目を向けることなく、ただただ「株主を優先する文化」だけを強引に日本に導入しようとしたのです。

またサラリーマンに対して「賃金が下がっても、その分、株で稼げばいい」という主張も明らかに現実から逸脱しています。もともとそれほど高くなかった賃金がさらに下げられれば、株式投資に回す余裕などはありません。

だから、ほとんどの国民は、この20年間、「賃金が下がっただけ」「生活が苦しくなっただけ」ということになってしまったのです。

ライブドアに資金提供したアメリカの投資銀行

ライブドアと村上ファンドによるニッポン放送株取得とフジテレビ買収劇。この騒動に度肝を抜かれた人も多いでしょう。

テレビ局というのは日本のマスコミを代表する企業です。

世間にも大きな影響を持つテレビ局「フジテレビ」が、新興のＩＴ企業、ライブドアに買収されようとしたのです。

一般の人にとって、まるで狐《きつね》につままれたような話だったはずです。

ライブドアは、結局、フジテレビを買収することはできませんでした。

しかし、フジテレビの株の買い戻しにより、140億円もの莫大な利益を上げることができました。

この一連の出来事を見て、マスコミや有識者はこぞって「時代は変わった」という見解を表し、ホリエモンや村上ファンドを時代の寵児《ちょうじ》のごとく捉えました。

しかし、ライブドアや村上ファンドの手法というのは、新しいものでもなんでもないのです。実はアメリカの投資銀行によって20年前に開発されたものなのです。

そもそもライブドアや村上ファンドが台頭してきたのは、金融業界の規制を大幅に緩和した金融ビッグバンの影響でもあるのですが、この金融ビッグバンを主唱したのはアメリカでした。

しかもライブドアや村上ファンドは、アメリカの金融機関と直接関係があるのです。

ライブドアは、アメリカの投資会社「リーマン・ブラザーズ」と深いつながりがありました。リーマン・ショックを引き起こした、あの「リーマン・ブラザーズ」です。

リーマン・ブラザーズは、フジテレビ買収騒動のときに、ライブドアの資金的な後ろ盾になっています。リーマン・ブラザーズはこの騒動の陰の仕掛け人ともいえるのです。

ライブドアは、この騒動のとき、リーマン・ブラザーズ社に800億円もの大量の社債を引き受けてもらっています。社債というのは、簡単にいえば会社の借金です。

つまり、ライブドアは、リーマン・ブラザーズから800億円借りたということになります。

そして、この社債は希望すれば株式に転換できる「転換社債」です。

転換社債というのは、社債を償還する代わりに、株式に転換するというものです。つまり、リーマン・ブラザーズは、ライブドアに貸した金を現金で返してもらうこともできるし、ライブドアの株で返してもらうこともできるのです。

しかもライブドアが、リーマン・ブラザーズに引き受けてもらった転換社債というのは、ライブドアの株が上がっても下がってもリーマン・ブラザーズ社が一定の利益を得られるような条件になっていました。

具体的にいえば、「社債を株式に転換するときは、市場株価の9割でいい」ということになっていたのです。つまり、リーマン・ブラザーズは、株を1割引で取得できることになっているため、株に転換してすぐに売却すれば、それだけで10%の儲けは出ることになります。

こうしてリーマン・ブラザーズは、ライブドアがつぶれない限りは、絶対に儲かる仕組みになっていたのです。

金融取引において、こんな虫のいい条件はありません。

通常、投資というのは、状況によって損得が生まれるものであり、リスクを冒すからこそ、リターンがあるものです。

しかし、リーマン・ブラザーズ社は、ライブドアに関しては、どう転んでも自分たちが儲かるような条件を飲ませていたのです。

ライブドアというと、法律ぎりぎりの行為で金儲けをするズル賢い集団のような印象がありましたが、リーマン・ブラザーズ社と比べれば、大人と子供以上の差があったのです。

というより、ライブドアのような新興ＩＴ企業が、フジテレビを買収するような巨額な資金を持ったのは、リーマン・ブラザーズなどのアメリカ系金融機関があってこそのことでした。

逆にいえば、アメリカ系金融機関の手助けがなければ、ライブドアはあんな大がかりな買収劇などできなかったのです。

ライブドアは、そもそもホームページ作成などを行っていたオン・ザ・エッヂ社が発展したものですが、当初は高い技術力を持った優良IT企業だったのです。

しかし、平成16（2004）年にプロ野球球団の大阪近鉄《きんてつ》バファローズを買収しようとしたころから、急速に企業買収や投資で収益を上げる体質に変化していきました。

ライブドアの経営者の体質として、「金儲け第一主義」があったようですが、経営者に入れ知恵し、強力にバックアップ後押ししたのは、リーマン・ブラザーズなどのアメリカ系投資会社だったのです。

なぜライブドアは摘発されたのか？

世間をあれだけ騒がせたライブドアの粉飾決算事件ですが、騒ぎの大きさの割には、犯罪の実情はあまり知られていません。

ライブドアの粉飾決算というのは、簡単にいえば、本来なら「資本取引による利益」としなければならないものを「営業利益」として計上した、ということです。

企業には「営業利益」と「資本取引による利益」があります。どちらも利益には変わりはないのですが、利益を得る方法が少し違うのです。

営業利益というのは、その企業の本業での利益のことです。ラーメン店であればラーメンの売上での利益のことであり、服飾販売店であれば服の販売での利益のことです。一方、資本取引による利益というのは、どこかの会社に投資して配当を受けたり証券を売買したりすることで得られる利益のことです。

営業利益が大きければ、その会社は本業がうまくいっている、という評価ができます。「資本取引による利益」が大きければ、その会社は投資、財テクが上手《じょうず》な会社という評価になります。

しかし、企業にとっては、本業がもっとも大事であり、本業での評価が高い方がいいものです。だから一般的には、営業利益が上がっている方がいいといえます。

となると、「営業利益をなるべく大きく見せたい」というのが、経営者の本音になります。特に、「時価総額世界一になること」を目標にしてきたライブドアの経営陣にとって、営業利益を大きく見せることは至上命令でした。営業利益が上がれば、株価に反映されやすいからです。

そのためライブドアは、本来なら「資本取引による利益」となるものを、営業利益にぶち込んだのです。

実はライブドアの事件は、粉飾決算の事例としては、それほど悪質なものではありません。というのも、ライブドアの粉飾は、資本取引による利益を営業利益に入れていたというだけであり、「利益自体」にはほぼ間違いはなかったからです。

企業の実態を判断する上で、いちばん重要なのは、本当に利益が出ているかどうか、金を持っているかどうかです。ライブドアの場合は、本当に利益も出ていたし、金も持っていたのです。だから危険な粉飾ではなかったのです。

通常、刑事事件にまでなる粉飾決算というのは、倒産しかけた企業が、莫大な架空の売上を計上する、というものがほとんどです。そして金も持っていないのに、持っているように粉飾するのです。そういう粉飾の場合、取引先や投資家のダメージは大きいものです。

しかし、ライブドアの場合は、収益自体は実際に得ているのであり、収益の計上方法が違っていたというだけのことです。ライブドアという企業グループ自体は、実際にそれだけの資産を持っていたわけであり、資産がまったくないのに、あるように見せかけたというわけではないのです。

ライブドアの事件は、数ある粉飾決算事件の中では、犯罪性は非常に軽いといえます。

通常、この程度の粉飾事件で、特捜が入るのはありえないことです。

ライブドアの強制捜査には、なんらかの政治的な意図があったのではないか、といわれることがあります。「粉飾事件の歴史」から見れば、それはあながちうがった見方とはいえないのです。

トヨタ販売世界一でも税金ゼロの謎

トヨタというと日本最大の企業にして世界的な自動車メーカーです。

信じられないかもしれませんが、平成20（2008）年から5年間も法人税を払っていなかったのです。

トヨタが決して景気が悪かったというわけではありません。この間に、トヨタは最高収益を更新しているほど儲かっていたのです。

トヨタというのは、良くも悪くも現在の日本企業を象徴するものです。

トヨタが5年間にわたって法人税を払っていなかったのも、昨今の日本経済や税制を象徴する現象だったのです。

平成26（2014）年3月期の決算発表の際に、豊田章夫《とよだあきお》社長が衝撃的な発言をしました。

「いちばんうれしいのは納税できること。社長になってから国内では税金を払っていなかった。企業は税金を払って社会貢献するのが存続のいちばんの使命。納税できる会社として、スタートラインに立てたことが素直にうれしい」

この言葉の意味がよくわからなかった人も多いはずです。

日本最大の企業が、日本で税金を払っていなかったというのです。

ここでいう税金というのは、法人税、事業税と法人住民税の一部のことです。

これら三つの税金は、事業の収益に対して課せられるものです。つまりは、黒字の企業に対して、その黒字分にかかってくる税金です。

平成21（2009）年から平成25（2013）年までというのは、リーマン・ショックと大震災の影響などがあり、確かに業績がよくない企業は多かったのです。

しかし、トヨタはそうではありませんでした。この5年間、トヨタはずっと赤字だったわけではありません。近年赤字だったのは、リーマン・ショックの影響を受けた平成22（2010）年期、平成23（2011）年期の2年だけです。それ以外の年はずっと黒字だったのです。

日本の法人税制には、赤字繰越制度というものがあります。これは決算が赤字だった場合、その赤字分の金額が5年間繰り越される、というものです。だから平成24（2012）年3月期に税金を払っていなかったというのは、理解できます。

しかし、平成25年3月期には、その赤字分は解消しているはずであり、税金を払わなければならなかったはずです。

また平成21年3月期は黒字であり、赤字繰り越しもなかったので、この期には税金を払わなければならなかったのです。

にもかかわらず、なぜトヨタは平成21年から平成25年まで税金を払っていなかったのでしょうか？

実は、そこには巧妙なカラクリがあるのです。

そして、そこに日本税制の最大の闇が隠されているのです。闇というのは、近年の日本の税制が、大企業を中心に設計されてきたことです。

その象徴的な出来事が、「5年間税金なし」なのです。

「受取配当の非課税」という不可思議

トヨタが、5年間も税金を払っていなかった最大の理由は、「外国子会社からの受取配当の益金不算入」という制度です。

これは、どういうことかというと、外国の子会社から配当を受け取った場合、その95%は課税対象からはずされる、ということです。

たとえば、ある企業が、外国子会社から1000億円の配当を受けたとします。この企業は、この1000億円の配当収入のうち、950億円を課税収入から除外できるのです。つまり、950億円の収入については、無税ということになるのです。

なぜこのような制度があるのでしょうか？

建前の上では「現地国と日本で二重に課税を防ぐ」ということで、そういう仕組みになっています。

外国子会社からの配当は、現地で税金が源泉徴収されているケースが多いものです。もともと現地で税金を払っている収入なので、日本では税金を払わなくていい、という理屈です。

現地国で払う税金と日本で払う税金が同じなら、その理屈も納得できます。

もし現地国で30％の税金を払っているのであれば、日本の法人税を免除にしても問題ないでしょう。

しかし、配当金の税金というのは世界的に見て、法人税よりも安いのです。

したがって、現地で払う税金は、日本で払うべき税金よりもかなり少なくて済むのです。

たとえば、1000億円の配当があった場合、現地での源泉徴収額は、だいたい高くても100億円程度です。

しかし、日本で1000億円の収入があった場合は、本来なら239億円の税金を払わなければならないのです。

つまり、現地で100億円の税金を払っているからという理由で、日本での239億円の税金を免除されているのです。実際は、もう少し細かい計算が必要となりますが、ざっくりいえば、こういうことです。

配当に対する税金は、世界的にだいたい10％前後ですが、途上国や、タックスヘイブンと呼ばれる地域では、ゼロに近いところも多いのです。

対する法人税は、世界的に見て20～30％です。日本も23・9％程度です。

だから「現地で配当金の税金を払ったから、本国の法人税を免除する」ということになれば、企業側が儲かるのは目に見えています。

アメリカの子会社が日本の本社に配当した場合、源泉徴収額は10％です。一方、日本の法人税は23・9％です。

アメリカで10％徴収されている代わりに、日本での25％の徴収を免除されるわけです。その差額分が、本社の懐に入っているわけです。

理屈からいって、海外子会社が現地で支払った受取配当金の源泉徴収分を、日本の法人税から差し引けば、それで済むわけです。法人税を丸々免除する必要はないはずです。

たとえば、アメリカで100億円の税金を払っているなら、日本で払うべき239億円の税金から100億円を差し引き、残りの139億円を日本で払うべきでしょう。

にもかかわらず、アメリカで100億円を払っているから日本の239億円の税金を丸々免除してしまっているところが、税制の「抜け穴」となっているのです。

また「研究開発費減税」という制度も、トヨタの税金を引き下げている要因となっています。

「研究開発費減税」というのは、簡単にいえば、「試験開発をした企業はその費用の10%分の税金を削減しますよ」という制度です。

限度額は、その会社の法人税額の20%です。

「試験開発のための費用が減税されるのはいいことじゃないか」と思う人も多いはずです。

しかし、この制度には大きな欠陥というか、カラクリがあります。

この研究開発費減税は、実質的には「研究開発費を支出する余裕がある大企業しか受けられない」のです。

中小企業も、当然、研究開発を行っていますが、わざわざ別途に研究開発費を出す余裕はなく、日常の経費の中で賄っています。

そういう研究開発については、減税の対象にはならないのです。

しかも研究開発費の範囲が広く設定されているので、製造業の大企業であれば、だいたい受けられるという制度なのです。

つまり、大まかにいえば、この制度は「大企業の法人税を20%下げた」ということです。

実際に、この減税を使っているのは、ほとんどが大企業です。

研究開発費減税は、全体の0・1％にも満たない資本金100億円超の企業への減税総額の8割を独占しているのです。

巨額の内部留保金は善か悪か

昨今、日本企業の内部留保金が多すぎるというような話がよくあります。

内部留保金というのは、ざっくりいえば、企業の利益から税金と配当を差し引いた残額のことです。

現在、日本の企業は460兆円以上の内部留保金を持っています。

実に、日本の1年分のGDP（国内総生産）に近い金額です。

この日本企業の内部留保金について、「会社の内部にお金をため込まずに、社員に賃金として出せ」という指摘が最近なされるようになりました。

しかし、この指摘に、ネットなどで自称〝会計に詳しい人〟がよくこういう反論をしています。

「内部留保金というのは設備投資などに使われたお金も、決算書の上では内部留保金として残っていることになる。だから内部留保金が多いからといって、企業にお金が余っているわけではない」

この自称〝会計に詳しい人〟の反論は、会計の一般論からいえば間違いではありません。
しかし、日本経済の実態から見れば間違いです。

会計に詳しいことを自称するのなら、せめてもう少し日本経済の実態の数値を確認してから、反論していただきたいものです。

一般論的にいえば、
「内部留保金は設備投資なども含まれるので必ずしも企業の預貯金ではない。また将来のリスクに備えるものでもあり、企業にとっては必要なものだ」
という主張は決して間違ったものではありません。

内部留保金というのは、現金預金としてため置かれるだけではなく、設備投資をしたときの資産も内部留保金に換算されています。

だから内部留保金イコール企業の預貯金ではない、というのは間違いではありません。
しかし、日本企業の場合、その理論どおりにはいっていないのです。

というのも、日本企業の内部留保金は、設備投資にはあまり使われず、現金預金や売掛金などの流動資産として残っているものが大半なのです。

日本企業が保有している手持ち資金（現金預金など）も200兆円以上あります。つまりは、内部留保金の半分は預貯金として企業に留め置かれているのです。

これは、経済規模から見れば断トツの世界一であり、これほど企業がお金をため込んでいる国はほかにないのです。

アメリカの手元資金は日本の1・5倍ありますが、アメリカの経済規模は日本の4倍です。だから経済規模に換算すると、日本の企業はアメリカ企業の2・5倍の手元資金を持っていることになるのです。

つまり、世界一の経済大国であるアメリカ企業の2・5倍の預貯金を日本企業は持っているのです。アメリカ企業の2・5倍もの預貯金をため込んでいるというのは、絶対に多すぎなのです。

しかも日本経済は、先進国の中でほぼ唯一、「この20年間で賃金が下がっている国」なのです（詳細は後述）。

この二つの現実を見たとき、「日本企業は内部留保金をためすぎ！　賃金として吐き出すべき」という指摘は的を射たものであり、自称〝会計に詳しい人〟の反論は意味をなさないものなのです。

日本企業はバブル崩壊以降も業績はよかった

実は平成の30年の間の日本の景気というのは、決して悪いものではありませんでした。

もうすっかり忘れ去られていますが、平成14（2002）年2月から平成20（2008）年2月までの73か月間、日本は史上最長の景気拡大期間（好景気）を記録しています。

この間に、史上最高収益を記録した企業もたくさんあります。トヨタなども、この時期に史上最高収益を出しているのです。

また平成24（2012）年からは、さらにそれを超える景気拡大期間がありました。

つまり、平成時代というのは、「史上稀に見る好景気の時代」だったのです。

日本企業の営業利益はバブル崩壊以降も横ばい、もしくは増加を続けており、2000年代に史上最高収益を上げた企業も多々あるのです。

図表7のように、平成14年から平成30（2018）年の間に、日本企業全体の経常利益

は、2倍以上になっています。

そして日本企業は、利益準備金（内部留保金）を平成の時代に倍増させ、現在は460兆円を超えているのです。

先進国で日本の賃金だけが下がり続けている

企業業績はいいのに、なぜ我々は好景気を実感できず、平成時代のことを「失われた30年」というイメージを持っているのでしょうか？

答えは簡単です。

「サラリーマンの給料が上がっていないから」

世間の勤労者の9割を占めるサラリーマンの給料が上がっていないから、世間全体が好景気を実感できないのは当たり前なのです。

この20年間、日本のサラリーマンの給料は下がり続けています。

そして、この20年間でサラリーマンの給料が下がっているのは、先進国ではほぼ日本だけなのです。

平成31（2019）年3月19日付『日本経済新聞』の「ニッポンの賃金（上）」によると、平成9（1997）年を100とした場合、平成29（2017）年の先進諸国の賃金は以下のようになっています。

アメリカ	176
イギリス	187
フランス	166
ドイツ	155
日本	91

このように日本の賃金状況は、先進国の中では異常ともいえるような状態なのです。

日本企業の内部留保金が積み上がったのは、この賃下げが大きな要因のひとつといえます。

[図表7]日本企業全体（金融、保険以外）の経常利益の推移（単位：兆円）

年度	経常利益額	年度	経常利益額
2002	31.0	2012	48.5
2004	44.7	2014	64.6
2006	54.4	2016	75.0
2008	35.5	2018	83.9
2010	43.7		

出典：財務省「法人企業統計調査」

つまり、本来ならサラリーマンが受け取るべきお金を、企業が内部にため込んでいるという状態です。

企業がこれだけの金をため込むということは、自分の首を絞めていることでもあります。

企業が社員に給料を支払ったり、設備投資をしたりすれば、それは誰かの収入になるわけなので、消費につながります。

消費というのは、すなわち企業の売上になるのですから、企業の業績もよくなるのです。

しかし、企業の預貯金が200兆円以上もあるということは、社会のお金の流れがそこでせき止められていることになります。

日本のGDPの4割にも及ぶお金が滞留しているのです。

特に、日本企業の場合、社員の給料をケチった上での「ため込み」なので、より深刻な影響が出ます。

当然、消費も減りますし、これで景気がよくなるはずはないのです。

サラリーマンの給料が減れば、国民の購買力は減り、内需は縮小します。

それがデフレにつながっているのです。

当たり前といえば当たり前の話です。

トヨタは国内市場を25％も落としている

トヨタなどがいい例です。

トヨタはバブル崩壊以降、従業員の賃金をケチりにケチってきました。

特に2000年代は、史上最高収益を連発していたにもかかわらず、ベースアップをほとんどしませんでした。

トヨタは、日本のリーディングカンパニーです。

トヨタが賃金をケチれば、それは日本中の企業に波及します。

バブル崩壊以降の日本企業は業績がよくてもベースアップをほとんどしないというケースが続出しました。

その結果、日本経済はどうなったでしょうか？

消費は冷え込み、日本の国内市場は急激に縮小したのです。

平成2（1990）年にはトヨタの国内自動車販売は200万台を超えていました。

しかし、現在は150万台前後です。

実に、国内市場が25%も縮小しているわけです。

トヨタは、国内市場が縮小するばかりなので、必然的に海外に販路を求めなければならなくなりました。

しかし、海外で商売をするというのは、非常にリスクが大きいものです。

トヨタの現在の主な販売先はアメリカです。

そのアメリカが日本車の進出を快く思っていないことは、周知のとおりです。

アメリカは何かにつけて日本車に厳しくあたります。

エアバッグのタカタなどは、不自然な事故の責任を押しつけられて経営破綻してしまいました。

もし日本経済が今の状況を変えないなら、日本経済全体がタカタのようになるかもしれません。

この日本経済が陥っている悪循環の原因は単純です。

「企業がお金をため込みすぎ」

「企業が給料をケチりすぎ」

なのです。

これを改善すれば、この悪循環は解消するわけです。
日本の大企業の経営陣の方々、ぜひこの単純な事実に気づいていただきたいものです。

おわりに

会計的視点で読み解く日本の現在と未来

筆者は元国税調査官です。

国税調査官というのは、事業者が提出した申告書や決算書を間違いがないかどうかを確認し、必要があれば調査を行うという仕事です。だから職業病というべきか、世の中のものを会計的に見る癖があります。本書も、そういう元国税調査官としての「職業病」を利用して書いたものでもあります。

ところで、この「職業病」で、現代日本を眺めた場合、筆者は非常な危惧を覚えます。昨今の日本を会計的に見た場合、「格差社会」や「少子高齢化」が進んで当たり前というような状態になっているのです。

たとえば、消費税の導入です。

消費税は、「国民に公平に負担を求める」という趣旨で創設されました。「国民に公平に負担を求める」というと、何かとてもクリーンなイメージがあります。

しかし、消費税を会計によってシミュレーションすれば、決してそうではないことがわかります。

富裕層の負担が小さく、貧困層になればなるほど負担が大きくなる逆進税であることが、すぐにわかるはずなのです。しかも子育て世代にもっとも負担が大きいのです。

たとえば、1億円の収入がある人は、収入のうち消費に回す割合は低いものです。

もし1億円の収入がある人が、年間に3000万円を消費し、残りは貯蓄や投資に回したとします。すると、この人が払った消費税は3000万円の10%で300万円です。1億円の年収からすると、3%です。つまり、この人の年収における消費税の税負担率は、3%にすぎないのです。

一方、年収200万円の人の場合、貯蓄や投資をする余裕はなく、収入のほとんどは消費に回ってしまいます。年間200万円を消費したとすると、20万円の消費税を払ったことになります。つまり、この人の年収における消費税の税負担率は、10%にもなるのです。

これを所得税に置き換えてみれば、不公平さがよくわかるはずです。

もし年収1億円の人の所得税は3%でいいですよ、年収200万円の人は所得税10%を払ってください、ということになれば、国民から囂々《ごうごう》たる非難が巻き起こるはずです。

今の日本の消費税は、これとまったく同様のことをしているのです。

消費税は、自分が直接払うものではないので、税負担率などが見えにくくなっています。それにごまかされて、こんな不公平な税金がまかり通っているのです。

しかも消費税が導入され、税率がアップするたびに、高額所得者の所得税や大企業の法人税は引き下げられています。現在、消費税の税収は20兆円程度です。しかし、消費税導入以降の高額所得者と大企業の減税金額も20兆円近くあります。つまり、消費税というのは、高額所得者や大企業の減税の財源となっているだけなのです。

よく、「ヨーロッパでは、もっと消費税は高い、日本の消費税は全然安い」などと主張する人もいます。しかし、ヨーロッパでは、生活必需品は無税に近いほど安く、また低所得者には住宅保障などが充実しています。食品の税率をわずか2％下げただけの日本の消費税とは、まったく別物なのです。

また国民の中でいちばん消費が大きい世代というのは、子育て世代です。つまり、消費税というのは、子育て世代にもっとも大きな負担を課している税金なのです。そういう税金をつくれば、少子高齢化が加速するのは当たり前の話です。

公益財団法人「1 more Baby 応援団」のアンケート調査によると、既婚者の約80％が「二人目の壁」があると回答しています。二人目の壁というのは、本当は子供が二人欲しいけれど経済的理由などで躊躇《ちゅうちょ》してしまうというものです。夫婦が二人の子供を持つことに不安を感じる国というのは、世界中を見渡してもそんなに多くはありません。それほど日本は子育て貧国になっているのです。

少子高齢化というのは、数十年前から先進国に共通する課題でした。そして1975年くらいまでは、欧米の方が日本よりも出生率は低かったのです。

しかし、その後の40年、欧米諸国は子育て環境を整えることで、少子化の進行を食い止めてきました。欧米諸国のほとんどは、1970年代の出生率のレベルを維持してきました。だから日本ほど深刻な少子高齢化にはなっていません。

一方、日本は1970年代から急激に出生率が下がり続け、世界でもっとも少子高齢化が進んだ国になってしまいました。

今すぐ少子高齢化を食い止めなければ、日本は衰退を免れません。このことに多くの日本人に気づいてほしいものです。

最後に、清談社 Publico の畑祐介氏をはじめ、本書の制作に尽力いただいた皆様にこの場をお借りして御礼を申し上げます。

2020年晩秋　大村大次郎《おおむらおおじろう》

『沈没船が教える世界史』　ランドール・ササキ　メディアファクトリー新書
『中世後期の寺社と経済』　鍛代敏雄　思文閣出版
『中世の寺社勢力と境内都市』　伊藤正敏　吉川弘文館
『歴史科学叢書　戦国時代の荘園制と村落』　稲葉継陽　校倉書房
『寺社勢力』　黒田俊雄　岩波新書

◎ 第４章
『江戸幕府財政の研究』　飯島千秋　吉川弘文館
『勘定奉行の江戸時代』　藤田覚　ちくま新書
『日本史リブレット　近世村人のライフサイクル』　大藤修　山川出版社
『江戸と江戸城』　鈴木理生　新人物往来社
『織豊期検地と石高の研究』　木越隆三　桂書房
『秀吉研究の最前線』　日本史史料研究会・編　洋泉社・歴史新書y
『日本中世の歴史7　天下統一から鎖国へ』　堀新　吉川弘文館
『お江戸の経済事情』　小沢詠美子　東京堂出版
『江戸の小判ゲーム』　山室恭子　講談社現代新書
『武士の家計簿』　磯田道史　新潮新書

◎ 第５章
『歴史科学叢書　幕末維新期の外交と貿易』　鵜飼政志　校倉書房
『西洋の支配とアジア　1498−1945』　K・M・パニッカル著、左久梓・訳　藤原書店
『維新経済史の研究』　平尾道雄　高知市民図書館
『歴史科学叢書　幕末維新期の外圧と抵抗』　洞富雄　校倉書房
『勝海舟全集』　全22巻・別巻　勝海舟・著、江藤淳、川崎宏、司馬遼太郎、松浦玲・編　講談社
『岩崎小彌太』　武田晴人　PHP新書
『鹿児島藩之砂糖専売』　土屋喬雄　鹿児島県立図書館所蔵

◎ 第６章
『帝国主義下の日本海運』　小風秀雄　山川出版社
『日本産業史』　1・2　有沢広巳・監修　日経文庫
『岩波講座　東アジア近現代通史』　第1～5巻　岩波書店
『事典　昭和戦前期の日本』　伊藤隆・監修、百瀬孝・著　吉川弘文館
『世相でたどる日本経済』　原田泰　日経ビジネス人文庫
『日本農業史』　木村茂光・編　吉川弘文館
『シリーズ〈日本近代史〉10 日本の産業化と財閥』　石井寛治　岩波ブックレット
『「月給百円」サラリーマン』　岩瀬彰　講談社現代新書

◎ 第７章
『GHQ日本占領史28　財閥解体』　細谷正宏・解説、細谷正宏、水谷憲一・訳　日本図書センター
『財閥解体』　梅津和郎　教育社歴史新書
『戦後日本　占領と戦後改革　第6巻　戦後改革とその遺産』　中村政則ほか・編　岩波書店
『戦後日本の形成と発展』　皆村武一　日本経済評論社

◎ 第８章
『NHKスペシャル　日米の衝突』　NHK取材班　日本放送出版協会
『6つのケースで読み解く　日米間の産業軋轢と通商交渉の歴史』　鷲尾友春　関西学院大学出版会
『ポスト構造協議』　鶴田俊正、宮智宗七・編著　東洋経済新報社

参考文献

◎総論
『日本古代財政組織の研究』 梅村喬 吉川弘文館
『江戸時代帳合法成立の研究』 田中孝治 森山書店
『新体系日本史12 流通経済史』 桜井英治、中西聡・編 山川出版社
『日本史小百科 貨幣』 瀧澤武雄、西脇康・編 東京堂出版
『叢書・歴史学研究 金銀貿易史の研究』 小葉田淳 法政大学出版局
『日本史小百科 租税』 佐藤和彦・編 東京堂出版
『日本経済史体系』 全6巻 弥永貞三、永原慶二、古島敏雄、揖西光速ほか・編 東京大学出版会
『日本経済史 近世−現代』 杉山伸也 岩波書店
『日本経済史』 全6巻 石井寛治、原朗、武田晴人・編 東京大学出版会
『日本経済史』 永原慶二 岩波全書

◎第1章
『古代国家の支配と構造』 田名網宏・編 東京堂出版
『日本古代財政史の研究』 薗田香融 塙書房
『東北 不屈の歴史をひもとく』 岡本公樹 講談社
『日本の時代史2 倭国と東アジア』 鈴木靖民・編 吉川弘文館
『日本の時代史5 平安京』 吉川真司・編 吉川弘文館
『日本の時代史6 摂関政治と王朝文化』 加藤友康・編 吉川弘文館
『NHKさかのぼり日本史 外交篇9 平安・奈良 外交から貿易への大転換 なぜ、大唐帝国との国交は途絶えたのか』 山内晋次 NHK出版
『戦争の日本史4 平将門の乱』 川尻秋生 吉川弘文館
『講座日本荘園史4 荘園の解体』 網野善彦、石井進、稲垣泰彦、永原慶二・編 吉川弘文館
『新版 古代の日本7 中部』 坪井清足、平野邦雄・監修 角川書店

◎第2章
『近江から日本史を読み直す』 今谷明 講談社現代新書
『湖の国の中世史』 高橋昌明 平凡社
『寺社勢力の中世』 伊藤正敏 ちくま新書
『中世人の生活世界』 勝俣鎮夫・編 山川出版社
『武士の王・平清盛』 伊東潤 洋泉社・歴史新書y
『戦争の日本史6 源平の争乱』 上杉和彦 吉川弘文館
『日本の時代史8 京・鎌倉の王権』 五味文彦・編 吉川弘文館
『NHKさかのぼり日本史 外交篇7 室町 “日本国王”と勘合貿易 なぜ、足利将軍家は中華皇帝に「朝貢」したのか』 橋本雄 NHK出版

◎第3章
『日本の時代史10 南北朝の動乱』 村井章介・編 吉川弘文館
『信長公記』 上・下 太田牛一・原著、榊山潤・訳 ニュートンプレス
『日本史』 全5巻 ルイス・フロイス著、柳谷武夫・訳 東洋文庫
『新異国叢書 イエズス会日本年報』 上・下 村上直次郎・訳、柳谷武夫・編輯 雄松堂出版
『戦国期の政治経済構造』 永原慶二 岩波書店
『中世日本商業史の研究』 豊田武 岩波書店
『戦国織豊期の貨幣と石高制』 本多博之 吉川弘文館
『貨幣と鉱山』 小葉田淳 思文閣出版
『天王寺屋会記』 永島福太郎・編 淡交社
『宋銭の世界』 伊原弘・編 勉誠出版

会計《かいけい》の日本史《にほんし》
その時《とき》"お金《かね》"が歴史《れきし》を動《うご》かした!

2021年1月8日　第1刷発行

著　者　大村大次郎《おおむらおおじろう》

ブックデザイン　福田和雄(FUKUDA DESIGN)
本文DTP・図表デザイン　友坂依彦

執筆協力　武田知弘

発行人　畑 祐介
発行所　株式会社 清談社Publico
〒160-0021
東京都新宿区歌舞伎町2-46-8 新宿日章ビル4F
TEL:03-6302-1740　FAX:03-6892-1417

印刷所　中央精版印刷株式会社

ISBN 978-4-909979-12-4 C0030

清談社
Publico

http://seidansha.com/publico
Twitter @seidansha_p
Facebook http://www.facebook.com/seidansha.publico